A CRIANÇA ALEGRE

SABEDORIA MONTESSORI
DO NASCIMENTO AOS TRÊS ANOS

Susan Mayclin Stephenson

A CRIANÇA ALEGRE
Sabedoria Montessori, do Nascimento aos Três Anos

SECOND EDITION

Copyright © 2019 by Susan Mayclin Stephenson

Tradutora: Eva Prado, Curitiba PR, Brasil

Portuguese translation of
The Joyful Child: Montessori, Global Wisdom for Birth to Three, 2013

Michael Olaf Montessori Publishing Company
PO Box 1162
Arcata, CA 95518, USA
www.michaelolaf.net
michaelolafcompany@gmail.com

ISBN 978-1-879264-23-6
ISBN 1-879264-23-6

Books in this series available in English:
The Joyful Child: Montessori, Global Wisdom from Birth to Three
Child of the World: Montessori, Global Education for Age 3-12+
The Universal Child Guided by Nature
No Checkmate, Montessori Chess Lessons for Age 3-90+
Montessori and Mindfulness

Capa: Uma reprodução de uma pintura a óleo feita pela autora

Ilustrações: Crianças nesta idade não posam ou representam; então muitas fotos foram tiradas de telefones celulares e outros métodos de menor qualidade para poder capturar os momentos importantes. A autora tirou a maioria das fotos. Ela ficará agradecida por fotos, sugestões e correções feitas pelas famílias e amigos ao redor do mundo.

*T*oda vez que uma criança nasce ela traz
consigo a esperança de que Deus ainda não
está desapontado com o homem.

— **Rabrindranath Tagore**, poeta premiado da Índia
e admirador do trabalho da Dr³ Maria Montessori

*O*bservação prova que crianças pequenas
são dotadas de poderes psíquicos especiais
e apontam para novas formas de demonstrá-los –
literalmente "educando através do contato com a
natureza." Então aqui começa um novo caminho,
onde não é o professor que ensina a criança, mas a
criança que ensina o professor.

— **Maria Montessori**, Médica

SUMÁRIO

PARTE DOIS, DE 1 A 3 ANOS

Participando da vida real em família; tipos de atividades da vida prática; o ambiente de trabalho e concentração; materiais, se desvestindo e vestindo; um lugar para cada coisa e cada coisa no seu lugar; A intenção da criança; as necessidades dos pais; adultos e crianças trabalhando juntos; a pesquisa da criança sobre as regras da sociedade; ensinar através do exemplo, NÃO através da correção; oferecendo escolhas

Selecionando brinquedos; organizando e variando os brinquedos; aprendendo a guardar os brinquedos; respeitando a concentração; discriminação visual e controle do olho e da mão; brinquedos de quebra-cabeça; brinquedos de montar e blocos de construção - que podem ser usados de várias maneiras, sem um objetivo final específico

Dançando e cantando; instrumentos de percussão e outros materiais musicais

Ouvir acontece primeiro; uma segunda língua; ouvindo e incluindo a criança em uma conversa; vocabulário, palavras, fotos e livros; linguagem formal; contação de histórias, lendo e escrevendo; mordida; imaginação? mentira?; materiais; apoiando o desenvolvimento da linguagem

Arte é mais que desenhar; materiais artísticos; apreciação da arte; trabalhos artísticos

A vida diária das pessoas ao redor do mundo; materiais

Um amor natural pela natureza, conhecendo e nomeando as plantas; jardinagem; observando e cuidando dos animais; materiais

PARTE TRÊS, O ADULTO

APÊNDICE

INTRODUÇÃO

As descobertas feitas por Maria Montessori mudaram completamente a visão que temos da criança e como a vida se desenvolve desde os primeiros momentos. Ela não descobriu apenas o imenso potencial interno escondido neste bebê aparentemente desamparado, ela descobriu também como nos ajudar a apoiar este potencial desde o início da vida.

É importante que pais que estão esperando um filho recebam esta informação na hora certa, assim eles têm tempo de se preparar. Também é importante informar os jovens adultos durante a adolescência, quando eles estão em busca de seu próprio potencial, quando eles estão tentando entender a mudança em seus próprios corpos e mentes, tentando descobrir quem eles são e qual é a missão deles.

Susan Mayclin Stephenson tem visto com seus próprios olhos, por muitos anos que estes princípios se aplicam a crianças de qualquer país e de qualquer cultura. Em A Criança Alegre Susan compartilha o que sabemos da criança nos seus primeiros três anos de vida de uma forma elegante e compassiva. Estou convencida de que suas palavras vão ajudar a criar uma vida melhor para as crianças em todo o mundo.

—Silvana Quattrocchi Montanaro, Médica

Instrutora que fundou o Programa de Assistentes para a Infância da Associação Montessori Internacional

PRÓLOGO

Uma pequena muda que está crescendo em um solo fértil, exposta à quantidade certa de luz do sol, calor e umidade vai se transformar numa planta saudável e gloriosa. O girino sabe quanto tempo tem que viver na água e quando é chegada a hora de se mudar para um novo ambiente, para viver na terra. Assim como a planta, um bebê precisa de um ambiente saudável física e emocionalmente e vai usar o que for preciso para se desenvolver. E assim como o girino ele precisa de um ambiente que mude de acordo com as fases de seu desenvolvimento.

Acredito que o bebê nasce com todos os instintos necessários para se desenvolver e ser feliz quando as suas necessidades são atendidas; mas afinal qual o tipo de ambiente necessário para atender estas necessidades? O abraço caloroso da mãe logo após o nascimento desperta a compaixão e começa a ensinar a criança como os seres humanos deveriam se tratar. E depois, o que mais é necessário?

Toda cultura tem sabedoria mas nos tempos modernos muito disso se perdeu. Os primeiros três anos de vida são importantes demais para fazermos experimentos, mas as diretrizes do Método Montessori apresentadas aqui tem sido confirmadas ao redor do mundo, por mais de cem anos, não importa qual é a cultura da criança. O objetivo deste livro é ajudar os pais a procurar, descobrir, apreciar e ajudar nas necessidades mental, física e emocional da criança nos primeiros três anos de vida.

Embora eu tenha explorado este assunto por quase 50 anos, ainda estou aprendendo. Eu lembro um exemplo de encontrar mais um ponto de vista. Foi em uma das primeiras apresentações dos Estados Unidos no Programa Montessori de Assistentes para a Infância que tinha começado na Itália em 1947. O primeiro slide mostrou uma criança pequena se inclinando sobre um aquário segurando um copo laranja de medida e retirando a água do aquário. Eu me preparei mentalmente para falar sobre como distrair a criança de uma atividade inadequada. Mas fiquei muito surpresa com o que veio depois.

Nos slides seguintes, esta criança de apenas dois anos removeu a maior parte da água do aquário, um copo de água de cada vez, para um balde que estava no chão, preocupando-se em deixar a quantidade de água suficiente para os peixes. Então com um pano ela removeu a espuma verde das paredes internas e cuidadosamente despejou água limpa da torneira no aquário. Finalmente ela usou um pequeno rodo para secar as poças de água que ela derramou durante o seu trabalho.

Eu estava impressionada. Eu já tinha trabalhado como professora com crianças a partir de dois anos de idade e também com adultos por muitos anos e nunca imaginei que uma criança de dois anos fosse capaz de fazer o que esta menina tinha feito.

Trabalhar com o Método Montessori foi sempre uma alegria para mim, mas naquele dia eu entendi que para se ter o máximo aproveitamento ao se apoiar o potencial de uma criança e consequentemente a raça humana em geral, eu precisava aprender mais sobre as crianças do zero aos três anos de idade. Por muitos anos eu continuei a aprender e a compartilhar o que eu descobri. Algo que me agrada muito do livro A Criança Alegre é o seu uso nas aulas de desenvolvimento humano para turmas do ensino fundamental. Tenho certeza que estes jovens vão ser ótimos pais.

Muito da informação deste livro tem sido traduzida em outras línguas; a tradução Japonesa é chamada "Eu Posso, Eu Posso, Eu Posso" e tem sido o texto para cursos online para pais e mães. Espero que ajude você a entender e apreciar o milagre dos primeiros anos de vida, e também que te inspire a aprender mais sobre este assunto.

PARTE UM, O PRIMEIRO ANO

O PRIMEIRO ANO: Os Sentidos

Antes do Nascimento

Sabemos muito pouco sobre o que um bebê realmente vivencia durante os nove meses no útero, mas tem muita coisa acontecendo. A pele, o primeiro e mais importante órgão do sentido, está completo após sete ou oito semanas de gravidez. O sentido do olfato está pronto a partir do segundo mês de gravidez. O sentido do paladar está ativo a partir do terceiro mês. E o ouvido completa seu desenvolvimento estrutural entre o segundo e o quinto mês de gravidez.

Não sabemos exatamente o que o bebê sente, intui, pensa e entende. Mas sabemos que responde às vozes, sons e música. Então podemos oferecer o melhor falando

7

com ele em ambientes silenciosos, cantando e tocando músicas bonitas, diariamente. Especialistas que estudam a aquisição da linguagem nos contam que a base do aprendizado da língua materna acontece no útero. O famoso violinista Britânico Yehudi Menuhin, por exemplo, acreditava que seu próprio talento estava parcialmente relacionado ao fato de que seus pais estavam sempre cantando e tocando música antes dele nascer. Pais que cantam para seus bebês durante a gravidez acham que estas canções acalmam estas crianças depois do nascimento.

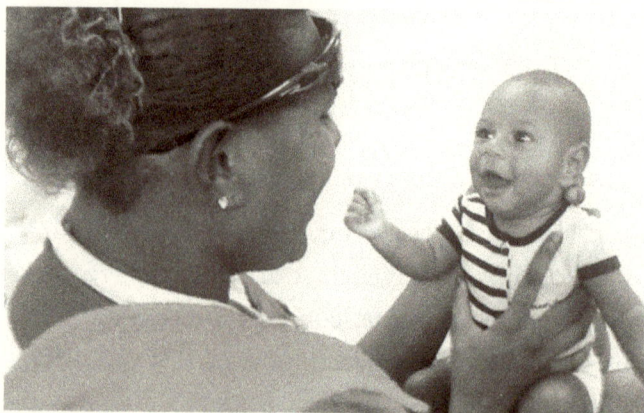

É possível que o feto absorva as características rítmicas particulares da língua materna. De certa forma o feto já está a trabalho, aprendendo linguagem!

– Silvana Montanaro

Em 1995 eu me encontrei com o Sr. Shinichi Suzuki, da escola de música Suzuki, em Matsumoto, no Japão, para trocar idéias sobre ambientes para crianças pequenas. Para ambos, Montessori e Suzuki o objetivo é criar uma relação amorosa entre a criança e o adulto, para possibilitar à criança a alegria da realização e de talentos desenvolvidos, e quando as necessidades das crianças são atendidas, estamos ajudando a criar uma sociedade mais pacífica. Nós conversamos sobre a melhor maneira de ajudar as crianças e concordamos que nosso trabalho deve começar antes do nascimento.

Música e Linguagem

Nos primeiros dias, meses e ano de vida o bebê está especialmente interessado no som da voz humana e também está atento ao rosto e nos lábios da pessoa que está falando. Não é por acaso que a distância focal dos olhos de um recém-nascido coincide exatamente com o espaço entre o seu rosto e o de sua mãe durante a amamentação. Provavelmente as melhores tentativas iniciais de comunicação aconteçam enquanto a mãe está amamentando o bebê. Podemos alimentar o interesse profundo da criança pela linguagem e prepará-la para a fala mais futuramente, falando claramente, sem alterar o tom de nossa voz como costumamos fazer ao falar com animais de estimação e sem simplificar a linguagem na presença da criança. Podemos contar estórias engraçadas e interessantes de nossas vidas, recitar nossos poemas favoritos, falar sobre o que estamos fazendo, "Agora estou lavando seu pé, esfregando cada dedo para deixá-los bem limpinhos" e se divertir nesta comunicação importante. E podemos ouvir música, o silêncio e um ao outro.

Um adulto pode iniciar uma conversa mesmo com um bebê de poucos meses da seguinte maneira: quando a criança emitir um som, imite - o tom e a duração do som: o bebê "maaaa ga" o adulto "maaaa ga," etc. O adulto normalmente recebe uma resposta impressionante da criança na primeira vez que isto acontece, como se ela estivesse dizendo, "Pelo menos alguém entende e fala a minha língua!" Depois de muitas dessas trocas muitas crianças intencionalmente vão começar a produzir sons para o adulto imitar e eventualmente vão tentar imitar o som do adulto. Isto é muito interessante para ambos como uma primeira forma de comunicação. Não é imitar a fala do bebê, é comunicação real.

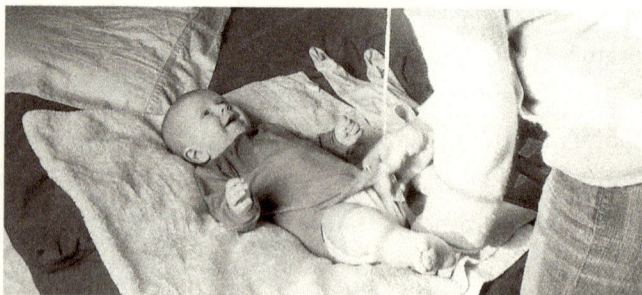

Uma criança fica fascinada ao ouvir tudo sobre as atividades de se trocar e se vestir.

Durante o primeiro ano as atividades de troca de roupa, alimentação, banho, pegar no colo e vestir são as mais importantes e também são os momentos mais impressionantes. Peça permissão ou avise o bebê que você vai pegá-lo no colo no momento em que for fazer isto. Se houver opção, pergunte a ele se está pronto para ser pego, antes de pegá-lo, pergunte se está pronto para trocar de roupa, ser amamentado, ou tomar um banho. As crianças sabem quando estão sendo questionadas sobre uma pergunta importante ou se estão sendo oferecidas algumas escolhas. Enquanto você veste ou dá banho em um bebê, ao invés de distraí-lo com um brinquedo, olhe nos olhos dele e conte o que você está fazendo, faça perguntas e ofereça opções. O valor desta comunicação cheia de amor e respeito é inestimável. Isto faz com o que o bebê queira falar com você e o desejo de se comunicar é a base para uma linguagem bem desenvolvida.

O bom desenvolvimento da linguagem também depende das conversas que a criança vai ouvir ao redor dela nestes primeiros dias, meses e anos. Escutar a conversa entre os pais e outros adultos também é válido. Um pai, mãe ou irmão mais velho que fala e canta para a criança também está ensinando linguagem. É realmente impressionante o quanto de linguagem a criança absorve durante os três primeiros anos de vida, resultando em um completo entendimento de toda uma língua de tal maneira que um adulto nunca vai conseguir alcançar.

Nunca é cedo demais para verem livros juntos e falar sobre eles. Livros bonitos, de capa dura podem ser colocados numa beirada para um bebê que ainda não está sentando, para ele admirá-los. Eles apresentam uma enorme variedade de assuntos interessantes para as crianças numa idade em querem ver e ouvir - e falar - sobre tudo.

Choro como Forma de Comunicação

As culturas variam imensamente em suas atitudes diante do choro de um bebê - desde a crença de que chorar fortalece os pulmões, até a absoluta incredulidade de que alguém deixaria um bebê chorando por um instante. Nós sugerimos que você invista tempo e esforço para entender o que o seu filho quer dizer através do choro. Não existe uma receita e cada criança é diferente.

Em uma visita no berçário de um hospital na Universidade de Roma durante o meu treinamento de Assistente para a Infância eu vi uma professora reagir ao choro de bebês da seguinte maneira: primeiro ela falava gentil e calmamente com o bebê, para deixá-lo saber que tinha alguém por perto. Em muitos casos isto era tudo o que precisava para acalmar a criança e parar o choro. Porém, se isto não funcionasse a professora olhava nos olhos da criança ou colocava a mão gentilmente sobre ela. Normalmente isto acalmava completamente a criança. Se não resolvesse ela checava se havia algum desconforto físico como um vinco no lençol ou se a fralda estava molhada, ou ainda a necessidade de mudar de posição. A criança quase sempre se acalmava e parava de chorar quando estes problemas eram resolvidos. Muito raramente a criança estava com fome.

Discussões sobre o uso correto de chupetas ou mordedores são muito interessantes quando levamos em conta o problema da obesidade atualmente. Provavelmente se tentássemos acalmar nossos filhos de outras maneiras ao invés de sempre oferecermos comida ou dando a chupeta - que ensina a eles que o caminho certo para a felicidade está no fato de colocar algo em sua boca - nós poderíamos ajudar a criar crianças que sabem realmente qual é a sua necessidade.

13

Existe um brinquedo que chamamos de a "boa" chupeta que não fica na boca a não ser que um adulto fique segurando-a no lugar, no caso do bebê precisar chupar mais, ou se a criança quiser segurá-la quando os dentes estão para nascer e a gengiva precisa ser esfregada. Isto oferece a necessidade exata de sucção ou esfregação da gengiva sem que se torne um hábito ou se crie uma dependência.

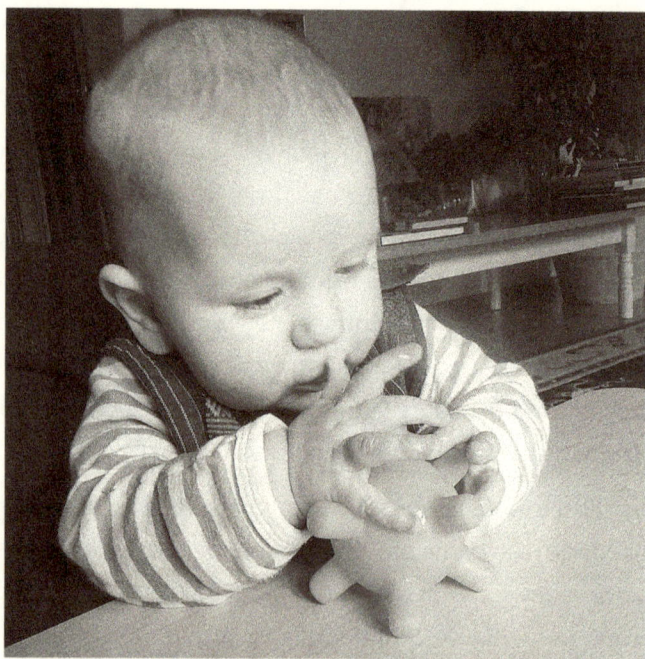

"Finalmente existe uma BOA chupeta, uma que não fica o tempo inteiro na minha boca."

É comum para um pai atento achar que choro sempre significa fome ou dor. Mas o bebê poderia estar preocupado, tendo más lembranças, estar molhado, com frio, com calor, com medo, se sentindo sozinho ou entediado. Existem muitas razões para se pedir ajuda. Um pai atento que pode passar bastante tempo vendo e ouvindo o bebê, pode saber, mesmo nos primeiros dias o que cada choro significa e responder com a solução correta. Todos querem ser compreendidos incluindo o mais jovem de nós.

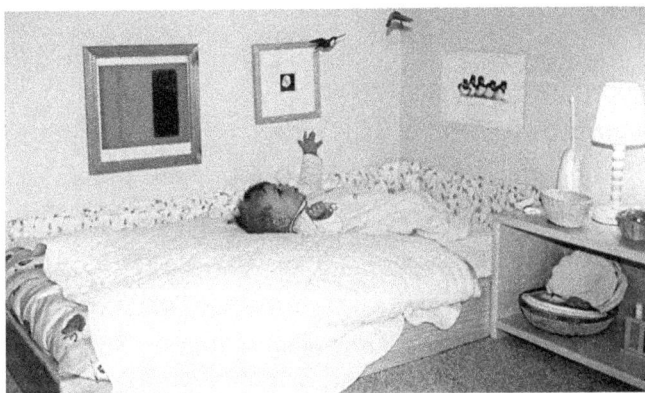

Este é um excelente modelo de quarto, para culturas onde as crianças têm seu próprio espaço, do nascimento em diante. Pode ser adaptado conforme a criança vai crescendo e suas necessidades vão mudando.

Vendo e Processando

O recém-nascido está emergindo de um ambiente relativamente escuro e silencioso e leva algum tempo para se acostumar com as figuras e sons fora do útero. O que o seu bebê vê em seu lar? Nas primeiras semanas e meses é bom protegê-lo de sons altos e ter cores suaves, e não ter muitos objetos à vista. Quando uma criança é super estimulada, ela geralmente fecha os olhos e se fecha para o mundo. É melhor inspirar e convidar a criança a explorar o ambiente visualmente com cores suaves e poucos objetos do que sobrecarregá-la.

Quando a criança assimilou todas as imagens e sons e as impressões sensoriais que ela queria durante um determinado tempo, ela sabe, com seu conhecimento interno que é hora de ir dormir para processar isto. Imagine o que é vir de um ambiente quente, macio, relativamente escuro e quieto (o útero) para um lugar completamente novo, cheio de luzes, sons, toques, todos desconhecidos, exceto as vozes da família. É importante respeitar a sabedoria da criança tanto para o quanto assimilar de informação, como também quando ir dormir para descansar e processar o que vivenciou e quando acordar e assimilar mais informações. Desde o nascimento o bebê já sabe como regular seu sono para ter uma ótima saúde física e mental e também para integrar novas experiências. Se respeitarmos este conhecimento intuitivo após o nascimento estaremos no caminho certo de evitar problemas de sono que frequentemente levam os pais e bebês à exaustão. Se lembrarmos que o sono é vital por muitas razões e que não deve ser interrompido, nós tentaremos, como as culturas antigas afirmaram por muitas e muitas vezes que não devemos acordar um bebê, exceto em caso de emergência.

Apesar de ser comum, não é uma boa idéia acostumar a colocar uma criança para dormir. Quando um bebê sempre fica no colo até dormir ele não tem a oportunidade de se acalmar e descobrir seu próprio jeito de pegar no sono quando está cansado, que é a melhor maneira. Para evitar criar uma dependência do adulto para uma atividade tão natural quanto o sono, podemos observá-lo cuidadosamente e respeitar dos primeiros dias em diante, sua habilidade de dormir por conta própria, durante o dia e a noite.

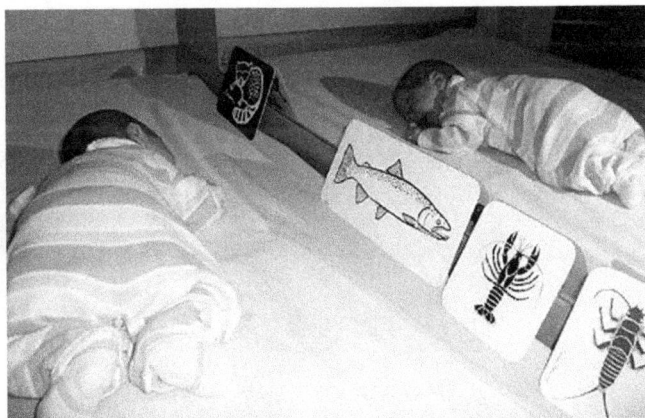

O "trabalho" desta criança é olhar para espelho e também para as imagens em preto e branco, encantadoras, feitas para ela pelo seu pai.

Mesmo que se sinta que um bebê deva dormir de costas, é importante que desde o primeiro dia este bebê passe algum tempo deitado de barriga para baixo para exercitar os músculos do pescoço, dos braços e das pernas. De novo, observe a criança para ver o que ela está aprendendo a fazer. Alguns bebês querem esta posição, normalmente encolhidos, com os joelhos embaixo deles e de bumbum para cima. Para alguns bebês, uns minutos por dia de barriga para baixo é tudo o que é preciso no começo, sendo que a duração do tempo vai aumentando gradualmente. O adulto deve ficar atento ao bebê para ter certeza de que ele não fique enroscado em lugares desconfortáveis e também para saber quando o bebê gostaria de virar.

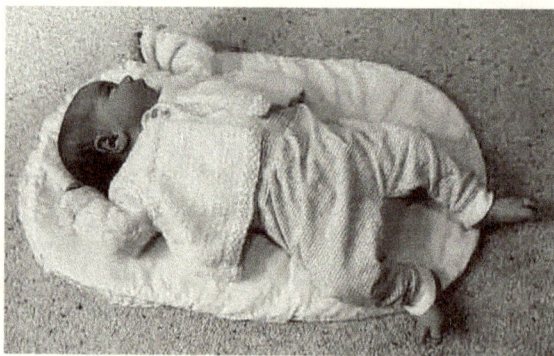

Ter as mãos e os pés descobertos, para sentir e explorar, é importante desde os primeiros dias de vida.

A criança é curiosa e tem necessidade da exploração dos sentidos desde os primeiros dias e quer estar com a família, não isolado em um quarto silencioso o dia inteiro. Para ajudar a tornar isto possível, os pais podem usar um colchão que pode ser colocado no chão, um acolchoado ou um tapete confortável, que pode ser movido para onde a família esteja passando o tempo em casa - na cozinha, no quarto, na sala, etc. Desta maneira a criança pode estar com a família, observando a vida, e tirar uma soneca em qualquer momento que precisar dormir. O bebê pode estar em contato com seu ritmo natural de dormir e estar acordado. Ele pode ouvir conversas, risadas, música, ou o silêncio. Nestes colchões o bebê também pode praticar habilidades de desenvolvimento como explorar as mãos e os pés, como ele já fez enquanto estava no útero, exercitar e alongar os músculos, fazer abdominais, alcançar algo e puxar - e ainda seguir os ritmos naturais de sono e vigília.

Não é muito cedo para alguém, no seu primeiro ano de vida, apreciar uma exposição de arte.

Não deveríamos olhar os recém-nascidos como pequenos, seres humanos desamparados, mas como pessoas que são pequenas no tamanho, porém com uma imensa capacidade mental e muitas habilidades físicas que não podem ser testemunhadas a não ser que o ambiente favoreça na expressão da vida.

- Silvana Montanaro

A Mente Absorvente

As crianças nestes primeiros anos, de certa maneira, absorvem a vida, o comportamento e as atitudes daqueles em volta delas. Um adulto nunca pode ser gentil, respeitoso ou sensato demais, ou prestar atenção exagerada nos sons que a criança vai ouvir, e as imagens que ela vai observar no ambiente.

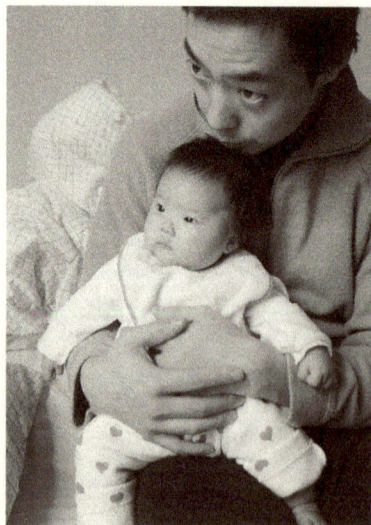

Ambos, o pai e o bebê, precisam de um tempo diário para se conhecerem, que pode ser na hora do banho, durante uma caminhada, simplesmente estando juntos.

Quando as crianças não estão com os pais, deve se prestar atenção ao estabelecer o mais alto padrão para os adultos com quem a criança vai ficar.O ambiente que nós criamos para os nossos filhos, é o ambiente que eles vão criar para os filhos deles, e para os netos deles e assim por diante.

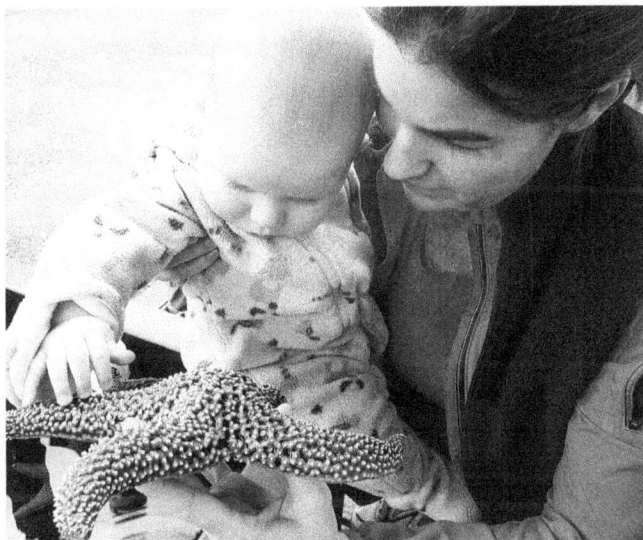

Materiais

Como sempre nestes primeiros anos, os humanos no mundo infantil são os "materiais" mais influenciáveis e mais importantes do ambiente. O núcleo familiar, cujas vozes a criança já tem escutado desde o útero são a experiência auditiva mais desejada, as que mais acalmam e tranquilizam. Os rostos destas pessoas são as experiências visuais mais importantes, pois ela associa as vozes com os rostos em sua mente. O toque gentil e o cheiro do corpo de sua mãe durante a amamentação, o cheiro familiar e o toque gentil de seu pai durante o banho diário, além de ser ser pego pelo resto de sua família - e pelos amigos da família, após algumas semanas - são as experiências táteis mais importantes.

Os primeiros "materiais" não-humanos incluem objetos reais do mundo natural para manusear, instrumentos musicais reais para serem tocados, e também ouvir músicas étnicas, clássicas e outras músicas bonitas.

Este móbile de borboleta, é um dos prediletos, com reproduções de cinco borboletas verdadeiras.

Os primeiros materiais visuais recomendados são móbiles preto e branco, de alto contraste e logo depois móbiles coloridos que se movem facilmente através das correntes de ar do quarto. É bom que o móbile não tenha mais de cinco objetos e que se pendure em lugares onde a criança esteja com a família, talvez em cima de um colchão na sala, mas não sobre um trocador de fraldas onde a conversa com os pais é mais importante do que uma distração visual. Deite-se onde você vai pendurar um móbile e veja o que o bebê vai ver. Tem algum luz no teto ofuscando o campo de visão? O móbile é agradável de se olhar?

E por último, para se ensinar a criança sobre o mundo real, tente achar móbiles com objetos encantadores e graciosos, como borboletas ou pássaros que se movem através das correntes de ar assim como fazem na vida real, no céu ou como fazem na água. (Não elefantes ou girafas voadoras). Ou encontre ou faça móbiles com formas abstratas encantadoras similares às feitas por famosos artistas como Alexandre Calder. Dê o melhor para as crianças.

O PRIMEIRO ANO:
ALCANÇANDO UM OBJETO E PEGANDO

Uma argola simples de madeira presa em uma fita é uma ótima opção do primeiro brinquedo para se alcançar e pegar.

O Desenvolvimento do Movimento

Mielinização é definida como "o desenvolvimento de uma bainha de mielina em volta de uma fibra nervosa." Esta cobertura gordurosa serve de isolamento, protegendo as mensagens do cérebro para vários músculos do corpo, resultando em um movimento intencional ou coordenado. O recém-nascido é capaz apenas de controlar os músculos da boca e da garganta, que são necessários para comer e se comunicar. No final do primeiro ano um milagre acontece e a criança pode controlar os movimentos do corpo inteiro; ela aprende a pegar e a soltar objetos, a chutar, a deslizar e engatinhar, aprende a se sentar, deixando as mãos livres para ainda mais desenvolvimento e geralmente está a caminho para levantar e andar!

Este é um processo de duas vias; mielinização cria movimento, mas movimento também aumenta a formação de mielina, então quanto mais permitirmos que nosso filho se mova, mais nós estaremos ajudando em um ótimo desenvolvimento. Uma criança é naturalmente guiada para este trabalho importante e fica feliz em realizá-lo. Geralmente, é a frustração de não poder se mover que pode causar infelicidade. Existem muitas invenções modernas que podem prejudicar o desenvolvimento natural do movimento, então devemos ter certeza de que nossas crianças passem o máximo de tempo possível em lugares onde elas possam mover todas as partes do corpo.

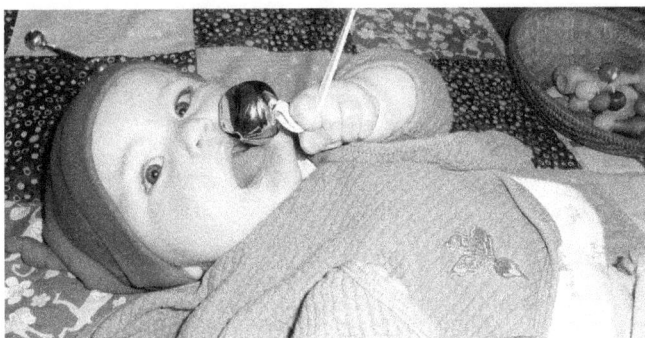

Um sino grande de metal preso em uma fita oferece sons interessantes e novas texturas.

Um momento muito animador para o bebê é quando ele finalmente consegue tocar um brinquedo que está pendurado acima dele e o faz mover, depois de passar tanto tempo intuitivamente tentando alcancá-lo. Ao invés de simplesmente receber cuidados e ter outras pessoas agindo por ele, o bebê alcançou algo e agiu sobre o seu ambiente. Ele literalmente "mudou o mundo."

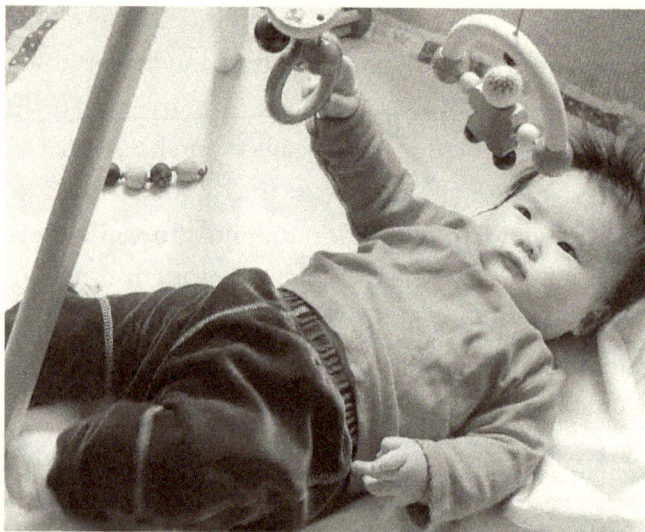

Quando não for conveniente pendurar o brinquedo no teto, pode se usar ao invés disso, uma madeira de cor clara, para se pendurar os brinquedos.

Brinquedos que Ajudam no Desenvolvimento Natural do Movimento

Fazer uma seleção cuidadosa de brinquedos neste estágio significa procurar por aqueles que apóiam uma enorme variedade de possibilidades de movimento para a criança. Cada chocalho, quebra-cabeça e outros materiais foram escolhidos para uma proposta específica.

Depende do adulto prestar bastante atenção para perceber se o desafio não é tão fácil que chegue a ser maçante e nem tão difícil, que cause frustração e a criança desista de brincar. É fascinante ver a criança trabalhando sistematicamente em uma coisa de cada vez: batendo ou chutando um brinquedo que está pendurado, tentando alcançá-lo antes de conseguir pegá-lo, pegando-o antes de conseguir soltá-lo, soltando-o com uma mão, enquanto fica tentando pegar o mesmo brinquedo com a outra mão alternadamente, usando o polegar como os outros dedos e gradualmente aprender a usá-lo em oposição aos outros dedos. É como assistir a um cientista, mas o tempo e a sabedoria são inatos, e não aprendidos em uma universidade.

Se possível, deite-se embaixo de um brinquedo que está pendurado e veja o que o bebê vai ver. O equipamento não deve ser uma distração da atividade proposta. O ideal é que os brinquedos, tanto uma simples argola de madeira ou um sino grande sejam pendurados no teto ou em uma madeira própria para se pendurar os brinquedos.

Os brinquedos que forem pendurados devem ser trocados periodicamente para manter a criança interessada e feliz, ou você também pode ter estes brinquedos pendurados no teto ou na madeira em diferentes cômodos da casa. Quando a criança está "trabalhando," nós devemos ter cuidado para respeitar a atividade e não interrompê-la, assim como não gostaríamos de ser interrompidos se estivéssemos envolvidos em um trabalho importante. Mas você provavelmente vai perceber, assim como eu percebi com o meu neto, que vai chegar uma hora neste período de trabalho da criança que ela fez o que tinha que ser feito e quer que o brinquedo seja removido! Um dos meus netos levantava a mão direita e a encostava atrás da cabeça quando ele começava a se cansar de brincar com isto e se nós não removêssemos o brinquedo ou tirasse ele de lá rapidamente, ele começava a chorar.

Logo o bebê será capaz de se deitar de lado e olhar para lindos livros de capa dura que podem ser colocados abertos perto dele e pegar brinquedos, ou também ficar inspirado para rolar e pegá-los. Em todas as culturas e ao longo do tempo adultos tem percebido que os bebês tem atração por pegar objetos e brincar com eles. Com estes brinquedos favoritos, colocados próximo do alcance dele na cama, em um acolchoado ou em um tapete próprio para ele, o bebê fica plenamente consciente de sua capacidade de alcançar um brinquedo, tocá-lo e pegá-lo, de criar sons com os chocalhos, de praticar o importante trabalho que ele estava suposto a fazer. Ofereça uma grande variedade destes brinquedos e troque eles frequentemente para manter a criança ocupada e de uma maneira feliz. Nosso papel de criarmos o ambiente no qual a criança pode desenvolver seu potencial é muito, muito importante.

Explorar a franja de um carpete deixou esta criança envolvida por um bom tempo, enquanto ela descobria novas maneiras de explorar as mãos.

Observar e proteger os períodos de intensa concentração e as necessidades da criança começam desde o nascimento, se aprofundam gradualmente e continuarão por muitos anos nas relações dos pais e professores com as crianças.

Materiais Naturais para os Brinquedos

Ao longo dos anos muitos brinquedos tem sido retirados do mercado, conforme informações vão sendo descobertas a respeito do perigo da exposição a plásticos e químicos. Existe alguns diálogos acontecendo entre os fabricantes de brinquedo, agências do governo e grupos ambientalistas e grupos de proteção à criança. Muitos preferem comprar produtos do mais alto padrão e que sejam feitos de materiais naturais.

Nesta idade um xale de algodão é mais interessante do que os dançarinos em uma bela celebração anual no Butão.

Durante estes primeiros meses de vida de sensações e impressões, podemos enriquecer as experiências sensoriais do bebê levando-o para fora, em contato com a natureza para ver o alto contraste das folhas de uma árvore que se balança pelo vento, para ouvir o som dos pássaros, e para sentir o cheiro do ar fresco que vem do oceano ou das planícies, ou das flores do jardim. Dentro de casa podemos oferecer uma variedade de texturas interessantes para manusear. A diferença no peso, textura e as impressões sutis dos materiais naturais - seda, algodão, lã, madeira, metal - é válida nas roupas, roupas de cama, móveis e brinquedos.

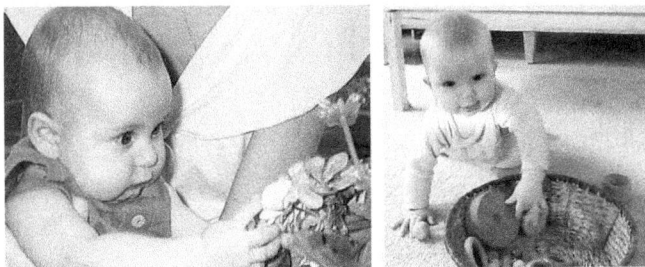

A importância de se explorar através dos sentidos não é novidade, tem sido intuída por muitos anos. Mas a idéia sobre o que a criança deveria tocar, objetos naturais, por exemplo, é algo importante a ser considerado.

O filósofo Francês e observador social Roland Gérard Barthes escreveu em Mitos de Hoje:

"Os brinquedos atuais são produzidos através de tecnologia e não pela natureza. Eles são feitos pela mistura complicada de plástico, o que é feio; eles tiram o prazer e a doçura de tocar. É muito perigoso que a madeira esteja desaparecendo progressivamente de nossas vidas. Madeira é um material que é familiar e poético, ela dá à criança a continuidade do contato com uma árvore, uma mesa e um piso.

Madeira não corta, não estraga e não quebra facilmente, pode durar por muito tempo e viver com a criança. Pode modificar aos poucos as relações entre os objetos, que são atemporais. Atualmente os brinquedos são produzidos através de substâncias químicas e não dão prazer. Estes brinquedos se quebram com facilidade e não dão nenhum futuro para a criança."

O PRIMEIRO ANO:
SENTANDO E TRABALHANDO

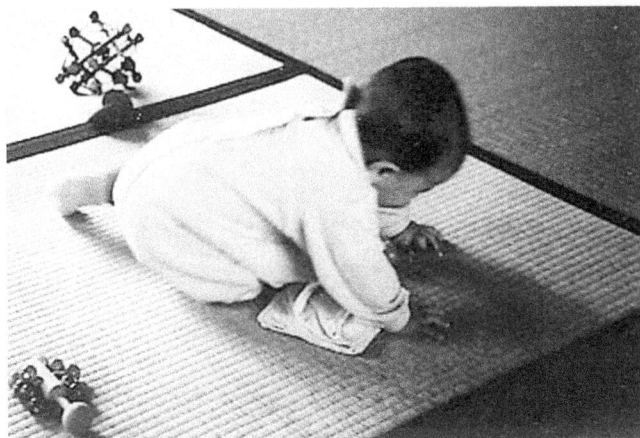

*Leva bastante tempo e prática
para aprender a se sentar por conta própria.
E a criança gosta deste desafio.*

O Trabalho da Criança

Uma boa definição de trabalho é, "uma atividade que envolve a mente e o corpo e tem algum propósito que deixa o indivíduo realizado." Quando o desafio é apropriado para o estágio de desenvolvimento da criança e a sua concentração é respeitada, a criança vai aceitar o desafio, vai trabalhar nisto sem precisar de elogio ou qualquer tipo de persuasão externa e vai se tornar ativa, criativa, feliz, realizada e em paz.

A criança, em sua exploração de um brinquedo, nem sempre vai fazer exatamente o que esperávamos que ela fizesse com isto, o que não significa que não seja um trabalho válido.

Um dia eu dei ao meu neto, que tinha por volta de um ano e meio, uma caixa de encaixar formas geométricas, esperando que ele tentasse colocar as bolas de madeira no buraco redondo e os cubos nos buracos quadrados, como eu tinha mostrado para ele. Normalmente a criança tenta muitas vezes e quando entende o objetivo de combinar o objeto no buraco que tenha o mesmo formato, ela vai repetir a atividade várias vezes. Mas desta vez ele fez isto uma vez e então colocou as peças de volta no saco de pano, onde elas tinham vindo. Depois ele tirou as peças do saco de pano e as colocou cuidadosamente na mesa. Depois ele as colocou dentro do saco. E depois de volta na mesa. Várias vezes.

Estava claro que a sua escolha de trabalho era tão válida quanto a minha, porque ele tinha um objetivo lógico e repetiu esta ação por muitas vezes, com uma intenção específica e bem concentrado. No final ele estava realizado.

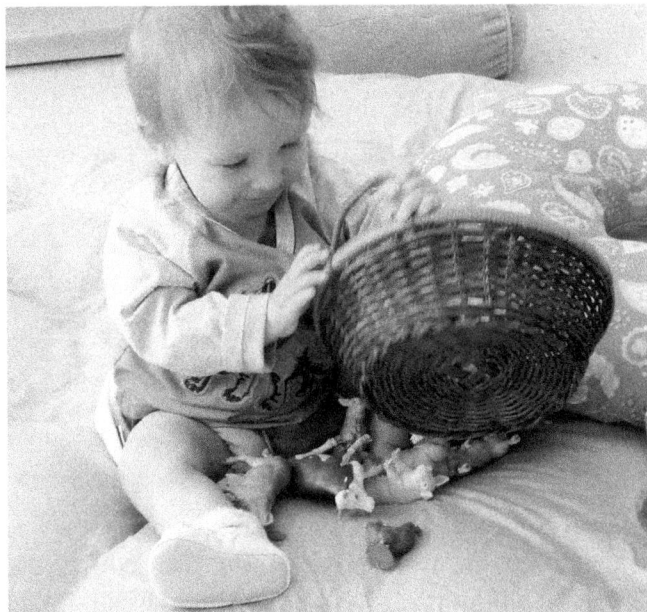

Se poucos brinquedos forem deixados em uma cesta,
a criança pode decidir com qual brincar.

É como se a natureza tivesse protegido cada
criança da influência do raciocínio adulto, dando
assim, prioridade para o guia interno que a desperta.
Ela tem a chance de construir uma estrutura
psíquica completa, antes que a inteligência dos

adultos possa atingir seu espírito e produza
mudanças nele.

— Maria Montessori

Conforme a criança vai crescendo, seu importante trabalho continua. Ela vai trabalhar em vocalizações, mas também treinar como pegar objetos, movimentos do corpo, etc. Algumas vezes a criança vai querer trabalhar a mesma habilidade - geralmente verbal ou muscular - por muitos dias até que ela tenha finalizado seja o que for que ela esteja tentando aprender e depois não trabalhar nisto novamente por muitas semanas. Cada criança é diferente, e somente uma observação cuidadosa vai revelar o que ela quer e o que ela está aprendendo.

Comendo e Trabalhando enquanto está Sentado

Quando a criança aprende a se sentar por conta própria, começa um processo de desenvolvimento natural e a relação com o adulto muda para apoiar o crescimento da criança e sua independência. O desmame gradual, do peito ou da mamadeira, conduzido pela própria criança, para o copo ou colher e depois para o garfo, acontece naturalmente se observarmos e seguirmos a criança - e também prepararmos o ambiente de acordo com o seu desenvolvimento.

Em algum momento durante o primeiro ano, ela vai se sentar por conta própria. Sempre que a criança receber ajuda para se sentar, como por exemplo, na cadeirinha para a primeira refeição, tenha certeza de que este tempo em que a criança permanece sentada através da ajuda de alguém dure bem pouco tempo. Ao invés de comer sendo segurada perto do corpo da mãe a criança começa a passar algum tempo olhando para o adulto, aprende a se sentar em uma cadeira pequena, aprende a beber em um copo pequeno e também a usar uma colher ou um garfo pequeno. Nada disso é imposto à criança, mas cada vez mais vemos que as crianças ficam empolgadas por serem capazes de imitar os que estão em volta delas e de se alimentarem sozinhas. Não é apenas a distância física da mãe que muda, quando elas começam a se sentar na cadeira pequena e a mãe consegue ver um outro ser ao invés do bebê em seu colo, mas isto marca o início de um novo relacionamento: no qual existem duas pessoas ao invés de uma, que podem aprender a se respeitar e a se amar, de uma nova maneira.

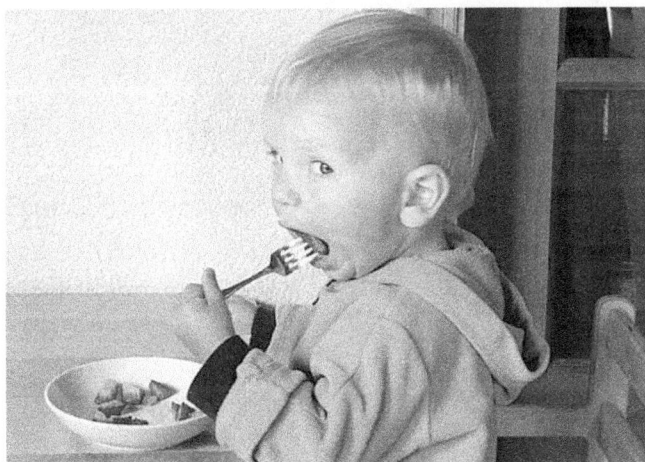

A criança tem um professor interno que sabe exatamente quando é o melhor momento para aprender a engatinhar, se sentar, levantar e andar. Ela precisa que a gente respeite este guia interno e acredite nos seus esforços. O ato de se sentar pode acontecer antes ou depois de engatinhar e é um grande passo rumo à independência porque as mãos ficam livres para mais trabalhos, mais desafios e mais descobertas interessantes. Quando a criança não recebe ajuda externa, se sentar é tão emocionante quanto seria para nós, aprender a esquiar ou praticar windsurf!

Neste estágio é importante dar brinquedos e materiais que tenham uma proposta inteligente - chocalhos que fazem movimentos ou sons interessantes, brinquedos que podem ser pegos de diferentes jeitos, e colheres e pequenos copos para a prática de comer e beber.

Preocupações quanto à Segurança com as Habilidades de Novos Movimentos

Assim que a criança aprende a virar, se sentar e engatinhar, o adulto precisa examinar o ambiente de uma nova maneira, vendo se tem algum móvel que não está muito firme, checar lâmpadas, fios de computadores, tomadas, pequenos objetos e assim por diante. Nenhuma criança quer ficar no berço ou no cercadinho, ou ainda pior, passar o tempo em um andador ou balanço de bebê (!) quando se tem um quarto inteiro ou uma casa para explorar. Então todo o ambiente deve ser cuidadosamente examinado para haver segurança. Nesta idade alguns brinquedos podem ser deixados expostos para a criança brincar a qualquer momento, e outros, com partes pequenas, por exemplo, precisam ser guardados fora do alcance da criança e só podem ser usados quando o adulto puder sentar e trabalhar com a criança.

Sempre pense sobre a segurança ao dar brinquedos de plástico para as crianças durante a idade em que tudo vai para a boca. A boca é importante para comer e comunicar, mas também é importante como um órgão sensorial. Crianças pequenas colocam objetos em suas bocas para checá-los, para aprender sobre textura, assim como também o sabor. Nós não queremos incentivar esta exploração, mas queremos ter certeza de que tudo o que a criança manuseia é seguro para explorar desta maneira.

Nós recomendamos que se use madeira natural ou envernizada, ao invés de madeira pintada, especialmente se os brinquedos vierem de países onde não existe controle sobre a segurança das tintas usadas. Também existem brinquedos encantadores feitos de algodão, de lã e de metal. Estes são mais agradáveis que plástico e ensinam à criança muito mais sobre o mundo natural como peso, textura, som e beleza.

É melhor que se tenha alguns brinquedos
em uma prateleira do que em uma caixa,
pois é mais fácil de encontrá-los
e também de aprender a guardá-los.

Número de Brinquedos Disponíveis a Qualquer Momento e Aprendendo a Guardá-los

É uma boa idéia ter apenas alguns brinquedos disponíveis para a criança nesta idade. Se possível, tenha uma prateleira pequena, baixa, com brinquedos em um cômodo da casa onde a criança passa o tempo com a família. É muito fácil para o adulto, quando se tem apenas alguns objetos, guardá-los constantemente de volta na prateleira. Crianças nesta idade ficam muito agradecidas quando respeitamos seu "senso de ordem", porque elas querem saber o lugar que cada objeto "pertence". Nós somos os modelos da criança e quando ela nos vê guardando os brinquedos, e ainda mais importante, gostando de guardar os brinquedos, ela vai nos imitar naturalmente, assim que puder.

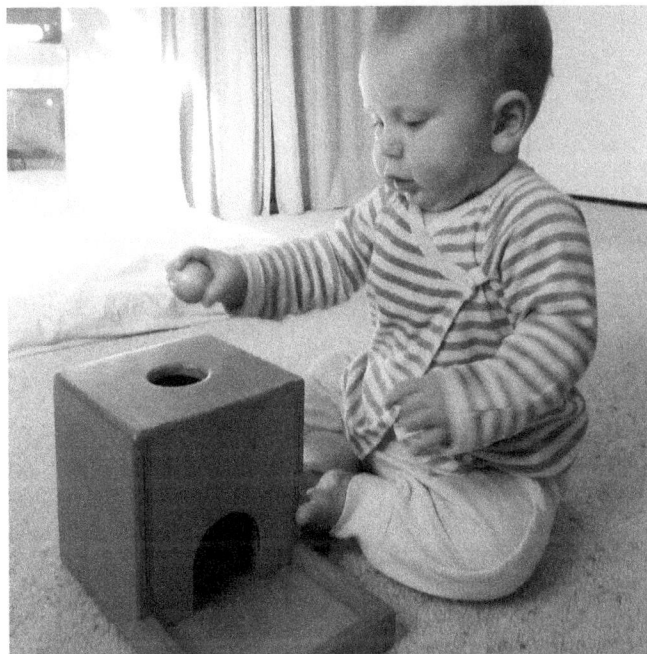

Preste atenção para saber com quais brinquedos a criança brinca, quais os desafios ela tem que superar neste estágio de desenvolvimento e remova aqueles que foram deixados de lado. Mas mantenha os favoritos até que ela pare de procurá-los. Variedade é importante quando cada brinquedo é selecionado cuidadosamente e oferece uma nova habilidade para a criança.

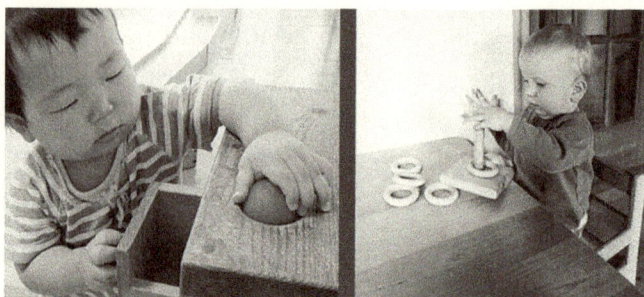

Móveis para se Sentar

A segunda metade do primeiro ano é também o momento para dar à criança uma cadeira firme e segura, para trabalhar e comer em uma nova posição por um curto período a cada dia, porque ela vê outros sentando desta maneira e quer imitar. Uma criança que é permitida chegar ao estágio de se sentar através do resultado de seu próprio esforço ao invés de receber muita ajuda a ser colocada nesta posição, vai fazer mais exercícios e vai aprender a sentir satisfação pelos seus esforços desde pequena.

Este é um bom momento para se investir em uma cadeira e uma mesa de madeira maciça, um modelo que já foi testado e que vai ajudar a criança que está aprendendo a se levantar e depois subir na cadeira para se sentar por conta própria.

O PRIMEIRO ANO:
Engatinhando, se Levantando, Ficando em Pé e Andando

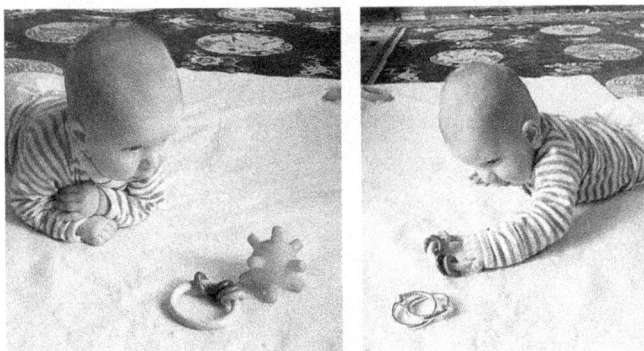

Mover-se em direção a um objeto que está fora do alcance é o primeiro passo no aprendizado de uma atividade muito importante: engatinhar!

Liberdade de Movimento

Crianças que tem a liberdade de se mover sentem que podem desenvolver suas próprias idéias e interesses. A experiência repetitiva de ver um objeto, alcancá-lo e explorá-lo com as próprias mãos e boca, produz a sensação de tranquilidade, de que quando queremos algo, podemos nos mover e ir pegá-lo. É assim que um ego saudável se desenvolve, um ser humano capaz de enfrentar os problemas da vida com sucesso.

Auto-confiança é um sentimento interno de ser capaz de depender das suas próprias fontes, e isto vem da experiência de trabalho ativo feito no ambiente usando movimento livre. É a sensação de poder pessoal para resolver problemas, e este sentimento de poder fica internalizado nesta pessoa para sempre. No futuro, os objetivos vão mudar (ao invés de alcançar um objeto interessante, como por exemplo, uma bola colorida, vai ser fazer a tarefa da escola e assim por diante), mas a situação psicológica continua a mesma; alguma coisa desperta o seu interesse, você precisa fazer alguma coisa para satisfazer este interesse e você tem a seguranca que tem a habilidade para fazer isto.

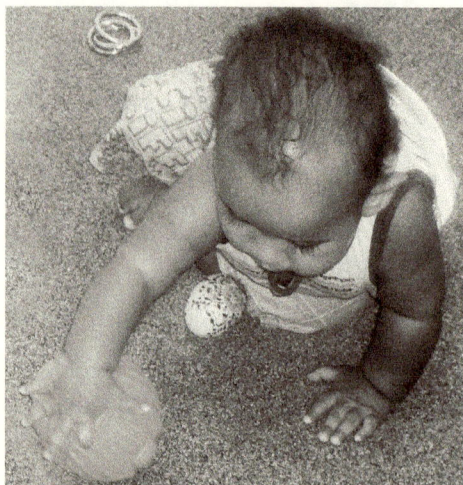

Movimentos ativos nos primeiros meses de vida oferecem a experiência completa da mente e do corpo, de onde vem a auto-confiança, e com este valioso instrumento, é possível enfrentar todos os problemas da vida.

—Silvana Montanaro

Olhar e estudar o ambiente visualmente vem primeiro e este é o trabalho da criança por muitas semanas antes que ela seja capaz de se mover de tal maneira que ela consiga alcançar e tocar alguma coisa, unindo a experiência visual e tátil. Os pais normalmente ficam impressionados ao ver como a criança consegue ficar focada quando ela tem algo apropriado e interessante para analisar, e quando a concentração não é interrompida. Uma mãe, que levava um bebê num carrinho, percebeu que ele estava prestando atenção em um painel de um prédio. Quando a mãe estava partindo, o bebê começou a chorar, então a mãe permitiu que ele continuasse olhando para o painel. O bebê analisou o painel por vinte e dois minutos – então ele suspirou feliz e olhou para a frente. O que ele estava pensando? O que ele estava fazendo? Era importante.

Uma das conquistas mais emocionantes para uma criança é aprender a se mover no espaço para alcançar um objeto de seu interesse. Bebês fazem isto de diferentes maneiras – movendo-se para trás, com a barriga no chão, de lado, se rastejando, engatinhando, rolando, levantando a barriga alternando com os braços e pernas. Este é um trabalho importante!

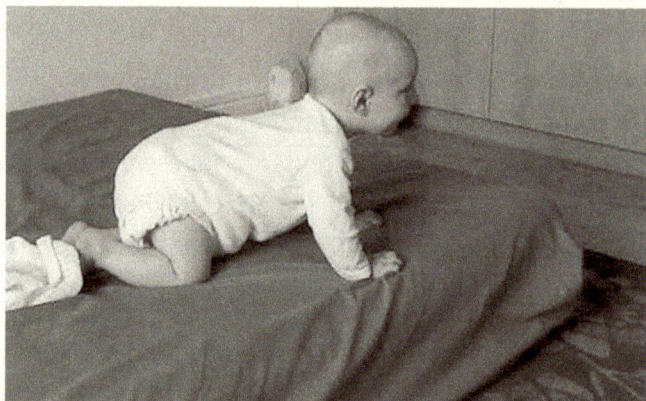

Algumas vezes o bebê emite alguns grunhidos ou grita enquanto ele trabalha, ou tira uma soneca por alguns segundos entre um abdominal e outro. A criança curte o processo de experimentar e aprender tanto quanto ela curte o sucesso final de ser capaz de engatinhar. Podemos ajudar o bebê neste trabalho valioso não interrompendo ele enquanto ele trabalha e também podemos oferecer bolas e brinquedos que rolam numa velocidade bem lenta, convidando a criança a se mover; se o brinquedo se mover muito rápido a criança vai desistir e se não se mover não vai haver nenhum desafio. Ofereça brinquedos que são interessantes para se ver, tocar, sentir, e escutar.

Um Ambiente Natural e Seguro

Quando a criança comeca a engatinhar – e ninguém sabe quando, mas isto vai acontecer – a consideração mais importante é a segurança do ambiente para a criança. Devemos olhar no ambiente com um pente fino, através da perspectiva da criança e ver o quarto dela, a cozinha, a sala de estar e todos os lugares onde ela for explorar. Um pai experiente vai saber o que procurar, mas para um pai novato seria interessante que ele fizesse isso com um amigo que possa prever o que vai atraí-la e assim ajudar a criar um ambiente seguro e maravilhosamente educativo para a criança que está aprendendo a engatinhar, se levantar e andar.

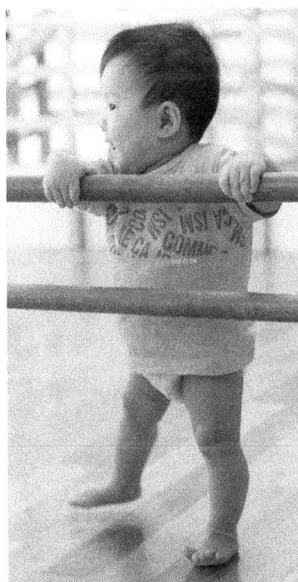

Nesta comunidade infantil Montessori uma "barra" oferece a prática de se levantar a qualquer momento.

Lembre-se que um ambiente favorável é algumas vezes percebido mais pelos objetos que são retirados do que os que foram incluídos. Entre os items que inibem o desenvolvimento natural estão:

berços, balanços para bebê, puladores, andadores, cercadinho, mamadeiras e chupetas.

É confortavel para um bebê ser carregado e acariciado, mas também devemos oferecer à criança, diariamente, a prática de desenvolver movimentos e outras habilidades como: explorar o ambiente visualmente, escutar os sons, se exercitar, dormir e acordar de acordo com suas necessidades, engatinhar, se levantar, se mover apoiado em móveis e andar. Ficar de barriga para baixo nos momentos em que está acordado dá ao bebe a oportunidade de fortalecer seu pescoço quando ele levanta a cabeça e de fortalecer os braços e as pernas, quando ele tenta levantar seu corpo do chão e tenta se mover adiante com os pés (ou para trás com os braços!). Esta é uma experiência muito importante, mas observe cuidadosamente para ver quando a criança está pronta para ser colocada de costas ou de barriga para baixo semanas antes que ela consiga se colocar nesta posição por esforço próprio, e esteja preparada, pois esta habilidade de se virar pode acontecer bem de repente, sem nenhum aviso.

Um ambiente natural para a criança é o que oferece adultos inteligentes e observadores, ou crianças mais velhas, e também um espaço interessante e seguro para a criança descansar, explorar e desenvolver habilidades.

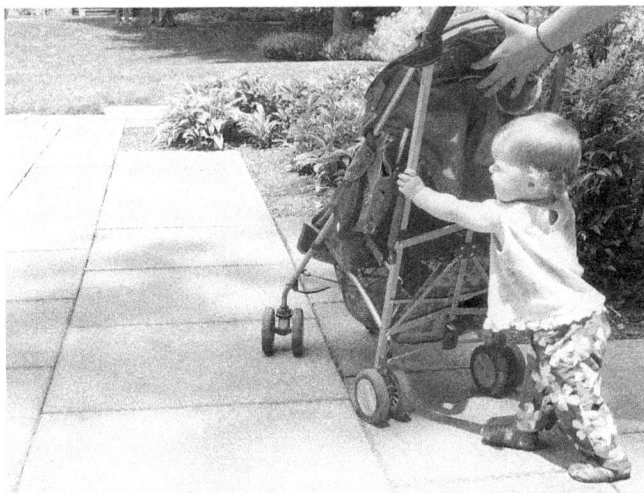

Muitas crianças nestas idade, que estão quase andando, preferem empurrar um carrinho do que andar dentro dele!

Engatinhando, se Levantando e Andando

Cada criança tem um relógio interno de desenvolvimento físico que guia ela para saber o momento exato para começar a tentar se levantar e ficar em pé, e também por quanto tempo praticar estas habilidades a cada dia.

Quando seguramos a mão do bebê para ajudá-lo a andar antes do seu tempo ideal, nós estamos enviando uma mensagem sutil que não estamos satisfeitos com o seu próprio relógio interno e suas habilidades, ou que estamos tentando apressá-lo. Isto pode deixá-lo frustrado em suas próprias tentativas. É melhor apenas esperar, assistir e apreciar o revelar de seu crescimento individual enquanto ele segue seu guia interno.

Segurar um bebê por um longo período durante o dia pode deixá-lo dependente de um adulto para explorar o ambiente e deixá-lo insatisfeito com seus próprios esforços de circular e observar o mundo.

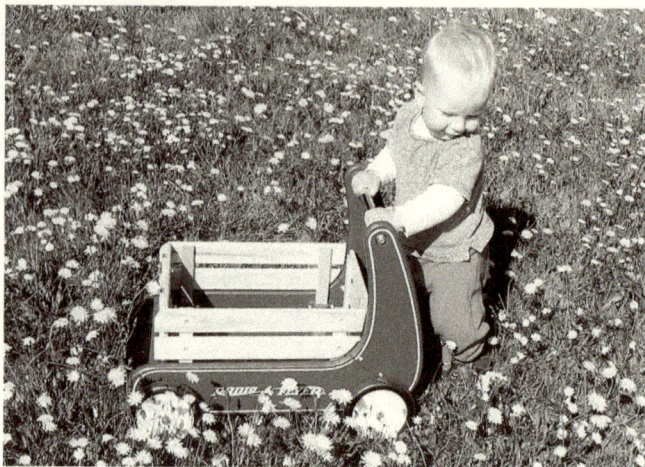

Este "vagão andador" é bom para a criança porque ela pode usá-lo para se levantar e tentar andar sempre que estiver interessada.

Andadores e outros produtos comerciais que ajudam no movimento atrapalham no desenvolvimento da mesma forma. Eles fazem a criança se mover tão rápido que as vezes ela desiste das suas próprias tentativas quando ela não está no andador. Eles também transmitem uma informação errada de onde termina o seu "espaço" e seu corpo e como as pernas realmente funcionam, confundindo mensagens que terão que ser reaprendidas mais tarde.

A seguir uma mensagem publicada no Jornal San Francisco:

ANDADORES PROIBIDOS EM BERÇÁRIOS

A Academia Americana de Pediatria concluiu que os andadores são perigosos e não deveriam ser vendidos ou distribuídos nos Estados Unidos. . . Em 1991, 27.800 crianças menores de dois anos foram internadas nos hospitais, em quartos de emergência, por ferimentos causados por andadores. Este aviso foi publicado novamente em 2001.

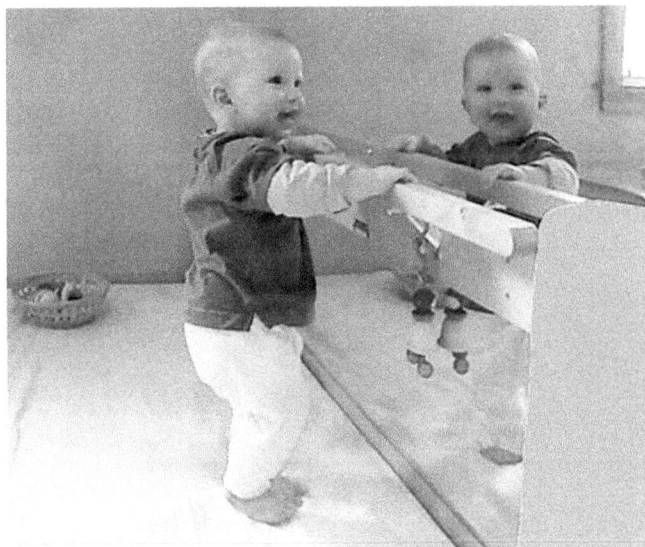

Um espelho e uma barra acima do colchão onde a criança brinca em casa oferecem a prática de se levantar.

O objeto mais importante que podemos oferecer é uma barra de metal presa na parede, na altura da criança, ou um móvel estável e firme, onde a criança possa se apoiar para se levantar e andar de lado. Um carrinho pesado com um puxador vertical é o melhor "andador" para a criança praticar quando ela quiser. É muito compensador ver a segurança, o equilíbrio, e a destreza física em uma criança que foi permitida se desenvolver de uma forma natural, de acordo com os seus próprios esforços.

Se for dada a oportunidade, uma criança vai encontrar muitos lugares, dentro e fora de casa, para se levantar e praticar circular pelos arredores ou andar enquanto está se segurando.

Uma banqueta ou uma mesa estável pequena, ou um sofá na sala, são excelentes para ajudar a criança a circular ou praticar o ato de andar enquanto se apoia em alguma coisa. Um vagão, que é um pequeno carrinho com um puxador vertical, vai trazer uma oportunidade para ela se levantar e andar de acordo com a sua vontade, mas isto provavelmente vai necessitar da ajuda de um adulto, no começo, para manobrar, quando a criança chegar numa parede, por exemplo. Inicialmente coloque algum peso no carrinho, para ele não ir para a frente enquanto a criança está aprendendo a se levantar enquanto se apoia no puxador. E aos poucos vá reduzindo o peso, dependendo de onde a criança estiver usando: em um piso de madeira, no carpete, ou na grama até que o carrinho fique vazio (nós usamos sacos de arroz ou alguns objetos pesados, embrulhados em uma toalha).

Brinquedos de puxar e empurrar são uma ótima diversão para a criança que está aprendendo a andar. Nada disso apressa a criança, na verdade, eles oferecem uma oportunidade de se praticar o ato de andar por conta própria, no momento certo, e no tempo suficiente que o seu guia interno mandar.

Aprender a andar por conta própria não é uma competição, nem para a criança, nem para os pais. Andar cedo ou tarde não significa mais ou menos inteligência.

Quando a criança teve todo o apoio e oportunidades para praticar movimentos livremente, sugeridos neste livro, e teve seus próprios esforços e seu próprio tempo respeitados, andar vai acontecer alegremente, no momento certo, para cada criança.

O FINAL DO PRIMEIRO ANO
DESENVOLVIMENTO ÚNICO
E O AUTO-RESPEITO DA CRIANÇA

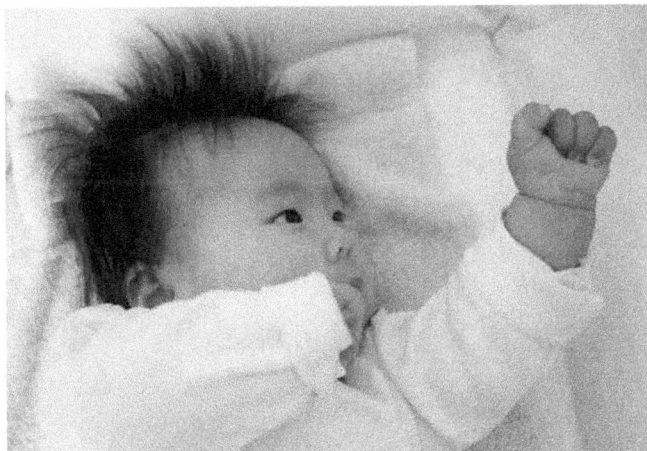

"Por favor, deixe minhas mãos descobertas,
assim eu posso vê-las e trabalhar com elas."

Cada criança tem o seu próprio projeto de desenvolvimento. Movimento livre significa ser capaz de se mover com o seu próprio corpo sem a ajuda de movimentos artificiais - como por exemplo andadores, ou balanço para bebês - para ser capaz de se mover de acordo com suas habilidades de desenvolvimento, aprendendo gradualmente a alcançar e pegar um objeto, a rolar, engatinhar, se levantar e ficar em pé e andar - tudo por conta própria.

Enquanto uma criança está trabalhando a coordenação entre mãos e olhos, outra da mesma idade pode estar concentrada em produzir sons, outra em fazer abdominais ou tentando mover todo o seu corpo pelo espaço ao redor. Uma criança vai estar interessada em se sentar na cadeira e comer em algum momento durante o primeiro ano enquanto outra vai estar satisfeita em ser amamentada. Uma criança vai gostar de sentar em um pinico para fazer xixi, enquanto outra simplesmente não vai estar interessada. O melhor que podemos fazer é apoiar o movimento livre, oferecer o melhor modelo de linguagem e então ver, ouvir, respeitar, oferecer e deixá-la livre.

Com certeza existe uma relação entre a nossa reação na tentativa de uma criança se comunicar e de tentar se mover e o desenvolvimento de uma boa auto-imagem e auto-respeito. Quantos de nós seríamos melhores ao "amar nós mesmos exatamente do jeito que somos" se nossas próprias tentativas de auto-construção tivessem sido respeitadas quando éramos crianças?

Os primeiros dois anos de vida são os mais importantes. Observação prova que crianças pequenas são dotadas com poderes psíquicos especiais e aponta para novas maneiras de apresentá-los - literalmente "educando através da cooperação com a natureza". Então aqui começa um novo caminho, onde não vai ser o professor que ensina a criança, mas a criança que ensina o professor.

—Maria Montessori

Ajudando no Começo de uma Boa Auto-Imagem

Durante o meu treinamento para Assistentes da Infância eu passei algum tempo observando bebês com problemas graves, em um berçário no hospital. A equipe era especialmente capacitada e amorosa, mas dois acontecimentos chamaram a minha atenção, relacionado ao que eu estava aprendendo sobre o desenvolvimento do auto-respeito e da auto-imagem da criança. O primeiro foi quando uma enfermeira estava se preparando para trocar a fralda de um bebê de poucos meses. Ela estava segurando-o e falando amorosamente com ele, e o bebê estava todo sorridente. A enfermeira colocou o bebê em uma superfície macia e ele estava bem relaxado e feliz. Depois que ela removeu a fralda, ela fez uma careta e disse, "Nossa, que sujeira você fez e que cheiro horrível!" a expressão da criança era de choque, confusão e tristeza.

Acredito que isto é muito comum quando trocamos a fralda de um bebê, mas até então eu não tinha prestado atenção sob a perspectiva de uma criança que a enfermeira estava reagindo sobre as fezes; do ponto de vista do bebê a enfermeira estava falando dele. A reação dela afetou a auto-imagem dele de forma negativa.

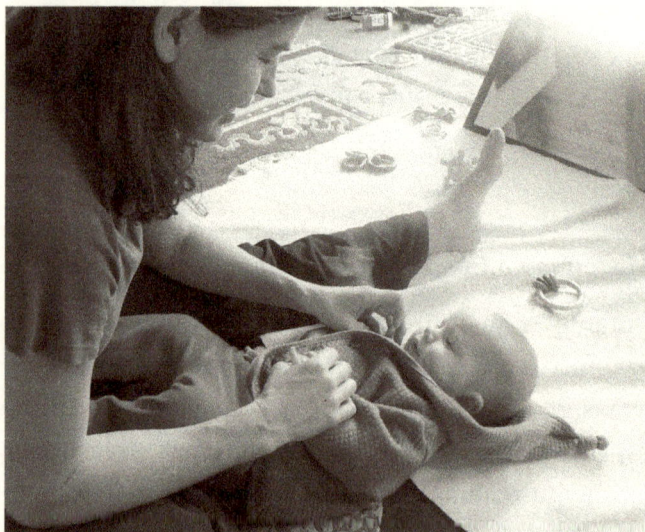

A outra experiência foi uma observação de três médicos conversando em pé, na frente de um bebê que estava no berço e discutindo sobre o seu caso. Parecia haver três opiniões e eles estavam falando detalhadamente sobre cada uma, olhando para o bebê rapidamente, em alguns momentos. Então uma enfermeira se aproximou e os lembrou que eles deveriam incluir o bebê em seus questionamentos, e não falar dele em sua presença sem incluí-lo na conversa.

Estava claro pela reação dos médicos que esta era uma prática comum. Eles não reagiram com raiva, mas sim com algum constrangimento e imediatamente olharam para o bebê e falaram com ele, apesar dele ter poucos meses, ele foi incluído na conversa, com o mesmo direito e respeito. Eu nunca me esqueci disso e isto tem me ajudado, durante estes anos, a ajudar no desenvolvimento do auto-respeito da criança, ao incluí-la, mesmo a mais nova, em uma conversa.

Prestar atenção nas tentativas de comunicação, e providenciar um espaço seguro e limitado para movimentos livres - no quarto do bebê ou na sala, adaptada para ele, vai ajudá-lo a desenvolver confiança em si mesmo.

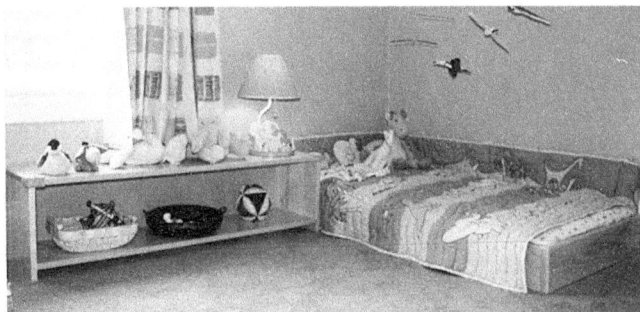

Preparando a Casa para Receber o Recém-Nascido

Durante o processo de preparação do quarto do bebê, antes do nascimento dele, deite no chão, olhe ao redor, olhe para cima, escute. Vai ser seguro? Interessante? Bonito? Tranquilo? Vai permitir o máximo possível de liberdade de movimento? Devido à grande necessidade do senso de ordem do bebê, é ideal que o quarto permaneça da mesma maneira durante o primeiro ano. Por isso é tão importante pensar bem em como organizar este primeiro ambiente.

Um colchão no chão, em um quarto que foi completamente
preparado para se ter segurança,
permite à criança ir e voltar,
exercitando todas as suas habilidades em desenvolvimento.

Um dia eu estava vendo a alegria e as ações exuberantes de um filhote de gato em nossa casa e foi inevitável comparar isto com a curiosidade e necessidades de um bebê. O gatinho ficou testando os desafios de se mover na sala, de todas as maneiras possíveis, examinando cada objeto e o melhor jeito de mover-se sobre o objeto, embaixo e em volta dele. Me fez lembrar de prestar atenção aos bebês quando eles podem se mover livremente, em um ambiente preparado para eles. Imagine como o desenvolvimento natural dos gatinhos seria afetado se eles fossem confinados a berços, balanços para filhotes de gatos, andadores e chupetas. Eu estou sempre pensando em como podemos ajudar bebês a explorar com os seus corpos e a desenvolver graciosidade e segurança em seus movimentos. O recém-nascido tem muitos trabalhos importantes de desenvolvimento para fazer, e podemos ajudar neste trabalho oferecendo um ambiente de apoio o mais natural possível.

O bebê vem exercitando os músculos e ouvindo os sons desde que está no útero. Depois do nascimento ele vai começar a exercitar todo o corpo, desde o primeiro dia, e gradualmente vai aprender a se mover por conta própria e a explorar, com todas as habilidades sensoriais e de movimento, de acordo com a vontade dele.

Embrulhá-lo em panos deveria ser evitado, a não ser que haja uma razão física ou psicológica. Se nós nos imaginarmos no lugar de um bebê, empolgados para se mover além dos limites do útero, podemos começar a imaginar como deve ser limitador, entediante e frustrante ficarmos embrulhados em panos.

A criança, durante os primeiros meses, vai examinar cuidadosamente a casa e cada cômodo, visualmente, em detalhes, e escutar cada voz e som. Depois de fortalecer braços e pernas com abdominais, ela vai seguir em direção aos objetos para explorar ainda mais.

Cada criança segue o seu próprio relógio interno, para saber quando engatinhar e alcançar algo que ela vinha olhando até este momento e finalmente poder manuseá-lo. Esta exploração visual, seguida da exploração tátil é muito importante para muitos aspectos do desenvolvimento humano. Se providenciarmos uma cama bem baixa ou um colchão no chão, em um quarto extremamente seguro - ao invés de um berço ou um cercadinho - o bebê vai ter uma visão clara dos arredores e vai ter a liberdade de explorar, assim que ele for capaz. Além de ser uma ajuda para o desenvolvimento, este arranjo ajuda a prevenir o choro, se o bebê estiver entediado ou exausto.

Ajuda imaginarmos isto como um cercadinho ocupando todo o quarto, com uma grade no vão da porta e examinar todos os cantinhos para ver se é seguro. Se o recém-nascido vai dividir o quarto com os pais ou os irmãos, ainda assim, podemos providenciar um ambiente espaçoso, seguro e interessante. Eventualmente ele vai explorar todo o quarto que tem a grade, e gradualmente se mover pela casa toda (que já foi preparada para ser interessante e segura para o bebê).

Estes são os estágios iniciais de independência, concentração, auto-estima, tomada de decisão, e um desenvolvimento equilibrado e saudável do corpo, mente e espírito.

Roupas que Ajudam na Livre Movimentação

Se a temperatura permitir, é muito importante deixarmos as mãos e os pés descobertos para que a criança possa exercitar todos os dedos. É muito comum que as mãos e os pés do bebê sejam um pouco mais frios que o resto do corpo. A temperatura do corpo é muito importante, mas a liberdade de movimento, também! Quando a criança começa a se arrastar (o que pode acontecer muito antes do que esperamos, quando o ambiente apoia isto) ela também precisa ser capaz de criar fricção com os joelhos. Eu me lembro bem do dia em que coloquei pela primeira vez um vestido na minha filha e coloquei ela no chão. Ela estava aprendendo a engatinhar e o botão do vestido ficou bem embaixo do joelho e evitou que ela engatinhasse. Estava claro que ela estava frustrada e infeliz com este incômodo e nos comunicou sobre isto de uma forma bem barulhenta. Ela parecia saber que estava para trabalhar na habilidade de engatinhar e alguma coisa estava impedindo ela de executar este trabalho importante. Bem, este foi o último vestido por um tempo, porque era muito mais importante para ela conseguir engatinhar, do que deixar todo mundo saber que ela era uma garota porque estava usando vestido ao invés de calças mais confortáveis!

Apego e Separação, Preparação para o Desmame e Aprendizado do Uso do Vaso Sanitário

Quanto mais forte for o apego entre o bebê e a mãe e o pai no início da vida, mais bem-sucedidos vão ser os estágios de separação mais tarde. A amamentação é um exemplo deste forte apego. O relacionamento entre a mãe e o bebê neste período em que o bebê está se alimentando é extremamente importante, porque se torna um padrão dos futuros relacionamentos.

Pense no exemplo de fazer amor. Como você se sentiria se seu marido ou esposa estivesse mandando uma mensagem para um amigo, falando no telefone, lendo ou assistindo TV enquanto se faz amor? Amamentar ou segurar um bebê enquanto se dá a mamadeira, se isto for necessário, é ensiná-lo a ele o que é uma relação íntima entre duas pessoas.

Pense na mensagem de amor que a mãe dá a seu filho quando ela lhe dá atenção absoluta, olha nos olhos dele, sorri e canta. A mensagem é bem diferente se a criança é alimentada enquanto o adulto volta a atenção para qualquer outra coisa. Este período inicial de criar um relacionamento saudável vai passar rapidamente e toda a atenção que dermos a isto é valiosa.

Considere os aspectos psicológicos de nutrir. Também devemos ter em mente os efeitos potenciais de dar comida a uma criança em resposta a todos os sentimentos negativos - cansaço, dor ou frustração. Devemos oferecer um conforto amoroso nestas situações, mas comida só quando ela estiver com fome. Isto ajuda a criança a estar em contato com as suas próprias necessidades naturais e saudáveis de comer, se tornando um adulto que come para se alimentar por necessidades nutricionais e não emocionais.

O aprendizado do uso do vaso sanitário também pode ser preparado desde o começo. Se o bebê está explorando o mundo dele visualmente é bom já ter o pinico no ambiente onde ele vai usá-lo e até deixá-lo sentar no pinico por alguns minutos, mesmo vestido, assim ele vai se acostumando como vai se sentir mais tarde, quando realmente for usá-lo.

Ele também deve ver outras pessoas usando o vaso sanitário, do mesmo jeito que ele vê estas pessoas, falando, andando, comendo, rindo, etc, no dia-a-dia. E finalmente, de forma a desenvolver uma atitude saudável sobre o que normalmente chamamos de "partes íntimas" do corpo, esta área deveria ser tocada (cuidadosamente e sensivelmente) exatamente da mesma maneira como todas as outras partes do corpo são tocadas, durante o banho.

Crianças que usam cuecas de algodão na comunidade infantil, normalmente aprendem a usar o pinico ao mesmo tempo que aprendem a se levantar e andar. O Assistente para a Infância que trabalha em uma comunidade infantil anota os horários em que o bebê faz xixi e então simplesmente oferece o pinico nestes horários previstos - sem nenhum tipo de coerção. Os pais podem fazer a mesma coisa. As crianças adoram aprender a se sentar em um banquinho, ao lado do pinico, para tirar as calças e usar o pinico, assim como elas amam aprender a imitar todas as outras atividades que acontecem ao redor delas.

Mostrando como tocar, gentilmente,
uma corda de guitarra, uma de cada vez.

O primeiro ano de vida é marcado por um enorme crescimento em independência. Primeiro, o bebê deixa a segurança do útero - porque é hora de ser capaz de se mover e crescer como um organismo separado. Em seguida, ele aprende a engatinhar e depois a se levantar, ficar em pé e andar. Ele absorve uma quantidade enorme de linguagem que vai ser usada mais tarde, e está sempre trabalhando em emitir sons com sua boca e as cordas vocais. Desmamar e aprender a usar o vaso sanitário podem ser transições agradáveis quando o processo é preparado enquanto a criança é bem nova.

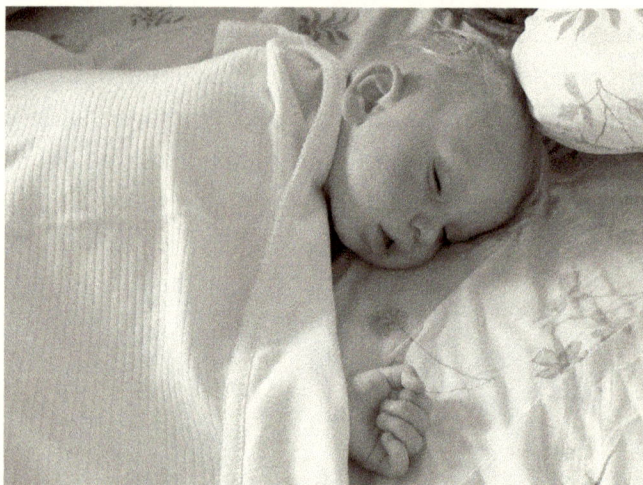

Por favor, tente não me acordar quando eu estiver dormindo.
Eu estou fazendo algo muito important

É necessário uma observação cuidadosa e sabedoria para os pais verem quando a criança está conquistando cada passo novo em independência, desmame, e aprendizado do uso do vaso sanitário - e o apoio e o encorajamento do adulto é a ajuda mais efetiva para este crescimento vital em segurança e independência. Nós devemos estar disponíveis para o bebê quando nós formos realmente necessários, mas também devemos aprender a recuar quando não formos necessários.

Linguagem de Sinais e Comunicação da Eliminação

Estes são dois movimentos que estão se espalhando em popularidade no ocidente. Desde que a linguagem seja baseada em sinais reais e aceitáveis e acompanhados por língua falada, acreditamos que tem muito a oferecer. Por exemplo, mesmo uma criança bem nova pode aprender o sinal feito com a mão para "alimentar" e deixar sua mãe saber que ela gostaria de ser amamentada. Isto ajudar a evitar o choro quando ela tem fome e que poderia ser confundido por outro motivo.

Ao viajar por toda a Ásia, eu vi que pais que vivem de um jeito mais tradicional, menos frenético que o estilo moderno, são geralmente mais conscientes da necessidade da criança de urinar e defecar. Está claro que os humanos têm o potencial de ter a consciência dessas funções corporais bem antes do que muitos de nós pensávamos que fosse possível.

A Linguagem de Sinais Infantil e a Comunicação da Eliminação são movimentos que valem a pena ser pesquisados enquanto nos empenhamos a aprender mais sobre como ajudar no potencial dos seres humanos nos primeiros estágios da vida.

Aprendendo sobre a vida al, em primeira mão, nas costas de seu avô, enquanto ele está polindo uma lâmpada, no Butão.

Materiais que apoiam um Ótimo Crescimento e Desenvolvimento no Primeiro Ano

Os seres humanos são "os materiais" mais importantes no ambiente. Mesmo que o ambiente seja arrumado da melhor maneira possível, a criança vai fazer o que a gente faz e não o que a gente fala.

"Materiais" não humanos para o primeiro ano incluem o topponcino para carregar o recém-nascido, móbiles, roupas, o tipo de correto de algo parecido com a chupeta, o pinico, e a cama no chão. Brinquedos apropriados também ajudam no desenvolvimento. Por exemplo, quando uma criança está começando a engatinhar e precisa de um incentivo para se mover adiante, ela pode ser ajudada com um brinquedo de rolar ou se tiver uma bola que se move apenas por uma distância curta, quando é empurrada.

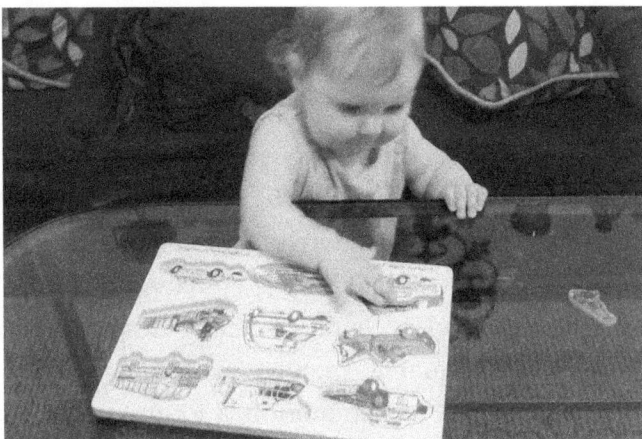

"Deixa eu ver se eu consigo montar pelo menos uma parte do quebra-cabeças do meu irmão!"

Uma mesa pequena e uma cadeira mantida no ambiente neste primeiro ano vai proporcionar um espaço familiar para a criança que quer tentar se alimentar por conta própria, usando uma tigela e uma colher – e essas primeiras tentativas acontecem antes do que tínhamos pensado. Se for parte da cultura, também é interessante ter um vaso pequeno com flores na mesa para estas primeiras refeições especiais, e também uma toalha bordada para apoiar o prato, a tigela, copo, colher ou garfo, que eventualmente a criança vai ser capaz de usar para preparar sua própria mesa.

Crianças amam tirar suas próprias cuecas, enquanto se sentam em um banco ao lado do pinico. Elas podem começar a fazer isso logo depois de aprenderem a andar. Da mesma maneira, pode se disponibilizar um banquinho ou uma cadeira pequena perto da porta de entrada para a criança sentar e tirar suas botas e seus sapatos. Não deve haver nenhuma pressão, nenhuma recompensa ou punição, nenhum adulto decidindo quando a criança deveria aprender a se alimentar por conta própria ou a usar o pinico. O ambiente é preparado e a criança é livre para explorar e para imitar nestes estágios de desenvolvimento natural. Uma criança pequena desenvolve confiança em si mesma, a base da auto-estima, enquanto interage com o ambiente. Ela aprende a se mover pelo mundo, a tocar e pegar objetos através de seu próprio esforço, aqueles objetos que por tanto tempo ela tentava alcançar. Com o apoio amoroso dos adultos e de crianças mais velhas, e em um ambiente que atende as suas diferentes necessidades, ela vai aprender que é capaz, que suas escolhas são inteligentes, e que na verdade ela é uma ótima pessoa.

A criança quer fazer as coisas que todas as outras pessoas estão fazendo, mesmo que seja apenas um pouco do que elas fazem.

Amor Incondicional

Muitos sabem que é vital darmos à criança nosso "amor incondicional" (e isso é tudo o que queremos), mas afinal o que isto significa, e quando isto começa na vida de alguém? Existe o seguinte ditado: "Amor não é um sentimento, mas uma ação," que pode nos ajudar a entender as implicações nesta idade. Embora amor seja um termo muito usado e confuso na língua inglesa eu vou descrever o que significa neste contexto.

Amar significa aceitar o bebê exatamente como ele é naquele momento, sem tentar apressá-lo para o próximo estágio de linguagem ou habilidades de movimento. Significa que quando o bebê está trabalhando nos primeiros estágios de engatinhar nós não empurramos os pés dele adiante para apressá-lo "com a nossa ajuda". Significa que quando ele está no estágio de tentar se levantar enquanto se segura em um banquinho, movendo-se de lado, seguindo seu caminho ao redor da sala, enquanto se apoia nos móveis, nós não pegamos a sua mão e andamos com ele sem que ele se apoie em nada. Nós aceitamos ele e respeitamos seu relógio interno, e amamos ele exatamente do jeito que ele é.

Através dos anos de crescimento da criança os pais vão trabalhar em criar um equilibrio entre ajudar a criança a ser melhor em alguma coisa (talvez nos trabalhos de escola) e amar e aceitar ela exatamente do jeito que ela é. É sempre importante se colocar no lugar da criança e pensar como você se sentiria, o quanto de encorajamento você iria querer ou não para fazer algo melhor, quanto você gostaria de ser aceito do jeito que você é, sem necessidade de mudança ou melhora. Tudo isto começa agora, nos primeiros meses de vida.

O Final do Primeiro Ano

Uma vez que esta fundação for preparada, o aprendizado futuro será mais fácil para a criança. Estas crianças têm uma auto-imagem positiva e acreditam que o mundo é um ótimo lugar para estar. Elas acreditam nelas mesmas e na habilidade de atuar neste mundo.

—Judi Orion, Professora para Assitentes da Infância e Instrutora de Professores

PARTE DOIS, DE 1 a 3 ANOS

DE 1 a 3 ANOS:
CUIDANDO DE SI MESMO, DOS OUTROS, E DO AMBIENTE

Assar pão é uma atividade diária para as crianças de dois anos nesta comunidade infantil Montessori, na Suécia e em muitos outros lugares.

A professora mede e deixa os ingredientes disponíveis antes das crianças chegarem, mas elas misturam, medem, amassam e assam o pão.

Todas as atividades relacionadas a cuidar de si mesmo e dos seus arredores, como se vestir, preparar a comida, preparar a mesa, limpar o chão, lavar a louça, tirar pó, etc, são atividades que fazem parte do que a Drª Maria Montessori chamava de "Vida Prática" e são exatamente as tarefas que os adultos menos gostam. Mas entre as idades de um e quatro anos, as crianças amam estes trabalhos e ficam felizem em serem chamadas para participar deles.

– **Silvana Montanaro**

Participando na Vida Real da Família

Seres humanos de todas as idades querem ser capazes de se comunicar com os outros, de se desafiarem, de fazerem trabalhos importantes e de contribuir para a sociedade. Esta é a natureza humana no seu melhor. Este desejo é especialmente forte durante o período em que a criança que vem observando todas as atividades importantes que acontecem ao redor dela, finalmente domina as habilidades mentais e físicas de se levantar, andar, usar as mãos e participar nos trabalhos reais.

Uma criança aprende auto-controle e desenvolve uma auto-imagem saudável se o trabalho é real – lavar frutas e verduras, preparar ou limpar a mesa, lavar louças, regar as plantas, o jardim, selecionar, dobrar e guardar as roupas, varrer, tirar pó, ajudar no jardim, qualquer que seja a tarefa diária de sua família. Este trabalho real em família, conhecido como vida prática nas escolas Montessori, é visto como o caminho mais efetivo para o desenvolvimento da concentração e felicidade.

Permitir que a criança participe na vida que ela vê acontecendo ao redor dela é um ato de grande respeito e confiança na criança. Isto ajuda ela a se sentir importante para ela e para os outros ao redor dela. Ela é necessária.

Podemos entender isto melhor se pensarmos na diferença que sentimos ao recebermos um convidado em nossa casa que espera para ser servido, ou outro que é bem-vindo na nossa cozinha para falar e rir enquanto preparamos as refeições juntos. No primeiro caso existe um relacionamento formal. No segundo nós compartilhamos nossa vida e o relacionamento é íntimo – uma amizade verdadeira.

Cortando ovos para o almoço

Durante toda a história nós temos dado às criancas brinquedos de faz-de-conta de cozinhar e limpar, bonecas de vestir e cuidar, e assim por diante. Porquê? Acredito que seja porque os pais sempre viram que as crianças querem fazer as coisas que elas vêem os adultos fazendo e talvez os adultos pensem que as ferramentas reais não são seguras. Oferecer ferramentas de trabalho reais, apropriadas para o tamanho das crianças foi uma das maiores contribuições da Dra Maria Montessori. Dessa maneira elas não precisam fazer de conta, mas sim, trabalho de verdade. Uma criança vai sempre preferir tirar pó de uma prateleira empoeirada, com um espanador de pó apropriado para o seu tamanho, ajudar a recolher roupas para lavar, ou dobrar as roupas quando estão limpas, ajudar a preparar refeições de verdade, do que fazer isto com brinquedos de faz-de-conta.

Tipos de Atividades da Vida Prática

As principais áreas de atividades da vida prática são:

Cuidar de si mesmo: se vestir, escovar os dentes, cozinhar, limpar os sapatos e assim por diante.

Graça e cortesia e consideração pelos outros: oferecer comida, dizer "por favor" e "obrigado" e outras boas maneiras apropriadas para a cultura da criança, copiada pelos adultos por crianças bem pequenas.

Cuidado com o ambiente: tirar pó, varrer, lavar, cuidar do jardim, recolher as folhas e assim por diante.

Movimento: desenvolvimento básico de movimento através de pequenas lições e demonstrações de carregar banquinhos e cadeiras, andar em uma prancha de equilíbrio, subir em algum lugar, correr, etc.

Comida: participar na preparação e servir a comida é uma combinação de todas as outras áreas citadas anteriormente, cuidar de si e dos outros, graça e cortesia, cuidado com o ambiente e movimento.

O Ambiente de Trabalho e a Concentração

... mas eu sei que felicidade não vem com as coisas. Pode vir do trabalho e orgulho no que você faz." — **Gandhi**

Uma das maiores aquisições dos três primeiros anos é a independência; as crianças nestes primeiros anos passam a dominar algumas habilidades, dando a elas a base para uma independência funcional. Elas aprendem a se alimentar, tirar a roupa, e tomar banho. Com a aquisição de habilidades motoras e depois o refinamento destas habilidades, as crianças dominam habilidades básicas para cuidar dos seus próprios corpos.

Esta aquisição de independência funcional dá a elas dignidade humana, a habilidade de ter seu espaço na humanidade sabendo que elas são capazes, tendo habilidades como qualquer outra pessoa.

—Judi Orion

Uma das experiências que mais acalma a criança é a concentração. Isto não inclui concentração passiva, sem participação, como assistir televisão ou vídeos. A ação deve ser algo que é controlado pela criança, de forma que ela possa repetir isto tantas vezes quantas forem necessárias, e deve desafiar tanto o seu corpo quanto a sua mente. A seleção de atividades não é tão importante quanto o nível de concentração que vai se alcançar. Concentração profunda pode acontecer enquanto se cava a areia, se lava cenouras, amarra cordas, desenha, monta um quebra-cabecas, limpa um espelho; nunca sabemos quando se inicia, mas reconhecer quando acontece é importante se temos que proteger isto.

A Assistente para a Infância do Método Montessori oferece lições que são estudadas de forma lógica e clara. Ela cria um ambiente que favorece o trabalho e ela está sempre atenta a uma criança que está começando a se concentrar. Quando isto acontece, ela protege a criança para que ela não seja interrompida porque ela sabe da importância desta experiência em trazer equilíbrio e felicidade para a criança.

Lavando uma cadeira

A disponibilidade de uma mesa pequena, mantida sempre limpa e pronta para ser usada para o trabalho pode ajudar a criança a focar na sua tarefa e se manter nela até o fim. Se o trabalho não for retirado da mesa, naturalmente, o espaço não estará disponível para a próxima atividade. Um avental, usado para cozinhar, limpar, trabalhar com a madeira, trabalhar no jardim, etc, algumas vezes ajuda a criança a se concentrar marcando o início e o fim de uma tarefa. Também eleva a importância do trabalho do ponto de vista da criança. Quando o trabalho de uma criança é visto como algo importante para a família, a criança também o vê assim.

Um avental deveria ser feito de tal maneira que a criança pudesse vestí-lo e ajustá-lo por conta própria, assim ela pode trabalhar quando ela quiser. Um gancho para pendurá-lo na parede, faz com que o avental esteja sempre pronto para ser usado.

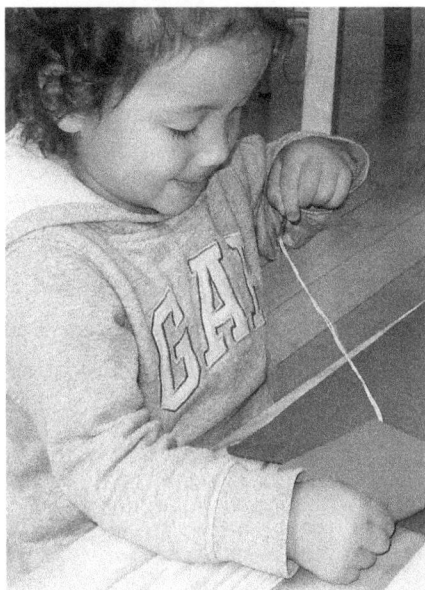

Costurando.

Materiais

Sempre que é possível e seguro nós damos materiais que são bonitos e quebráveis para as crianças, compartilhando respeitosamente com elas o que o resto da família usa – cerâmica, vidro, metal, ferramentas reais. Existe uma grande melhora no auto-respeito da criança quando ela é permitida a usar as nossas coisas, ao invés de ganhar substitutos feitos de plástico. Há também um respeito e um cuidado correspondente com os materiais quando eles são bonitos e quebráveis.

Professores ou crianças mais velhas e pais podem trabalhar juntos na criação de alguns destes materiais, como por exemplo, cortar e fazer a barra de aventais e panos de tirar pó. Há tempos atrás, quando eu comecei o trabalho como professora e a vida era mais tranquila, os aventais, guardanapos de pano e panos de polir eram decorados com bordados. No treinamento de Assistentes para a Infância, os estudantes ainda fazem isto – acrescentando toques especiais aos itens que eles fazem para as crianças. Das memórias agradáveis que tenho, como estas, eu ainda guardo uma pilha de guardanapos de pano e o meu kit de costura numa estante próxima ao fogão de lenha para fazer barras, quando eu tenho tempo nos dias escuros de inverno.

Frequentemente, em nossa casa, temos que pensar cuidadosamente em como arranjar os objetos das crianças, relacionados à vida prática. Se o pai trabalha com madeira, ou no jardim, algumas ferramentas de qualidade, apropriadas para o tamanho da criança podem ser mantidas em lugar especial, próxima às ferramentas do pai, que possam ser alcançadas facilmente. O pai pode mostrar à criança como usar as ferramentas e como limpá-las e guardá-las depois de terem terminado o trabalho. Podemos fazer o mesmo com ferramentas para limpeza, para preparar comida, cozinhar, preparar a mesa, ou qualquer outra atividade. Nós podemos tanto adaptar nossas ferramentas, ou fazer alguma, ou até comprar ferramentas apropriadas para a criança – um avental pequeno, baldes menores de metal, regadores de água, utensílios de cozinha e assim por diante. Para a criança, apenas alguns minutos por dia trabalhando com os pais em atividades importantes "de adulto" pode ter um efeito muito positivo e começar uma nova forma de se comunicar e de conviver juntos.

Aprendendo a fechar o zíper de uma jaqueta

Se desventindo e vestindo

Se desvestir é mais fácil que se vestir e isto se aprende primeiro - algumas vezes para o espanto dos pais. Aprender a tirar roupas da gaveta ou fora do cabide também vem primeiro! Repetição é importante para o aprendiz, então depois de se colocar as meias com sucesso, a criança vai tirá-la e colocá-la de novo por muitas vezes. Isto pode ser frustrante para o adulto, mas este estágio vai passar logo e a criança, após observar estas ações sendo praticadas por outros membros da familia, vai aprender a levar as roupas para a lavanderia e também a pendurar pijamas ou jaquetas em cabides ou ganchos que estejam ao seu alcance. Roupas que são fáceis de tirar e colocar possibilitam à criança a prática destas habilidades. Estas são coisas a se considerar quando se escolhe qualquer roupa para a criança, tanto sapatos quanto pijamas ou casacos.

O esforço da criança de pegar suas próprias roupas e se vestir são satisfeitos se os pais pendurarem apenas duas roupas ao alcance dela, permitindo à criança decidir qual ela vai vestir de manhã. Este é o suficiente para uma decisão, no começo. Eventualmente ela será capaz de escolher tudo das gavetas, cabides e prateleiras.

Tirando o pó do chão
em uma comunidade infantil

Um Lugar para Cada Coisa

e Cada Coisa no seu Lugar

O ideal é que sempre que um brinquedo ou uma ferramenta é trazida para casa a família decida exatamente onde isto vai ser guardado. Todo artista, cozinheiro ou mecânico de carro sabe o valor de ser capaz de encontrar suas ferramentas prontas para usar exatamente quando ele precisa delas. Com as crianças é do mesmo jeito, e o senso de ordem delas nesta idade é bem mais intenso que o nosso porque elas estão se construindo e compreendendo o mundo através deste trabalho.

Em nossa casa, por muitos anos nós tivemos que mostrar aos nossos convidados adultos onde as louças ficavam porque nós as guardávamos nas prateleiras mais baixas, ao alcance das crianças. Produtos de limpeza perigosos, é claro, eram mantidos longe do alcance delas, mas todo o resto era mantido ao alcance das crianças e de seus amigos.

Roupas lavadas na mão penduradas em um varal amarrado entre duas cadeiras. Esta foi uma idéia das crianças.

A Intenção da Criança

As razões e os métodos de trabalho da criança são diferentes dos nossos. Nós adultos vamos geralmente executar uma tarefa do jeito mais rápido e eficiente. Uma criança no entanto, está trabalhando para dominar a atividade e para praticar e aperfeiçoar suas habilidades. Ela pode esfregar uma mesa por horas, mas somente quando ela se sentir instigada a fazer isto. Ela pode varrer o chão toda manhã por duas semanas e não fazer isso de novo por um mês - porque ela estará ocupada em dominar alguma outra coisa. Se nós esperássemos que ela praticasse todas as novas atividades todos os dias, não haveria tempo para dormir. A sua intenção não é limpar a casa, mas sim a construção de si mesmo, o desenvolvimento de suas habilidades, seu ser.

Existem muitos valores físicos, emocionais e mentais no trabalho. Através destas atividades a criança aprende a ser independente. Não pode haver nenhuma escolha inteligente ou responsabilidade em qualquer idade sem independência no pensamento e na ação. Ela aprende a se concentrar, controlar os músculos, ser focada, a analisar sequências lógicas e a completar um ciclo de atividades.

É justamente por causa do valioso trabalho na vida prática que nas casas e nas escolas das crianças que aprendem o Método Montessori elas são capazes de se concentrar, tomar decisões inteligentes e dominar o início de outras áreas de estudo como matemática, linguagem, artes e ciências. Mas a intenção deste trabalho é a satisfação pessoal e o apoio de um ótimo desenvolvimento da criança. Seguido de um bem-sucedido e completo ciclo de trabalho em família, a criança se torna calma e satisfeita e por causa desta paz interior, cheia de amor pelo ambiente e pelos outros.

Aprender a abrir e a fechar potes é uma atividade divertida por si só

As Necessidades dos Pais

Por favor não fique pensando que esperamos que alguém use todas as idéias expressas neste livro - ou pelo menos uma delas - o tempo todo. Nós todos somos humanos e existem muitas exigências hoje em dia para todos os pais. Poucos de nós temos o apoio de uma grande família que more por perto ou uma comunidade de amigos que pode deixar tudo de lado e simplesmente ajudar a cuidar de nossos filhos. Um pai ou uma mãe nem sempre tem o tempo para incluir a criança em tudo e não deveria se sentir mal por causa disto. Nós não devemos nos cobrar tanto em casa e sim planejar um tempo quando nós realmente poderemos curtir trabalhar juntos. Uma das vantagens deste livro é que as idéias do Método Montessori podem ser compartilhadas com vizinhos, a família e os amigos, e um grupo de apoio pode ser formado para usar estas idéias.

O sucesso pode vir lentamente no começo, conforme aprendemos a "seguir a criança". Ajuda a começar com uma coisa, talvez colocando os guardanapos na mesa para uma refeição e gradualmente ir adicionando ao repertório de tarefas no qual a criança pode participar e aos poucos assumir o controle. Com a prática nós vamos começar a aprender com a criança como nos colocarmos inteiramente, mental, física e espiritualmente para a atividade que estamos realizando naquele momento, em focarmos em cada coisa que estamos fazendo e a curtir cada momento da vida. Assim a criança se torna o professor do adulto. As necessidades do adulto são atendidas ao mesmo tempo que as necessidades das crianças.

Tem um ditado que eu ouvi a algum tempo atrás de uma outra avó, "Se eu soubesse que ser avó é bem mais fácil que ser mãe eu teria feito isto antes!"

A criança só pode se desenvolver através de experiências em seu ambiente. Nós chamamos estas experiências de "trabalho".
— **Maria Montessori**

Adultos e Crianças Trabalhando Juntos

Trabalho de vida prática oferece oportunidades valiosas para adultos e crianças passarem o tempo juntos. Nós pais sempre desejamos mais pretextos para estar com nossas crianças e para usar nossas mãos nesse tempo disponível em um trabalho calmo de um artista.

Muitos de nós temos algum talento que podemos compartilhar, ou gostaria de desenvolver - cozinhar, cuidar do jardim, costurar, fazer trabalhos de marcenaria, tocar música. Apenas meia hora por semana compartilhando algo com uma criança já é um ótimo começo. Esta colaboração pode ser de grande benefício para nós, para nossas crianças e para o desenvolvimento de nosso relacionamento um com o outro.

A Assistente para a Infância no Método Montessori é treinada para observar as crianças e saber qual atividade oferecer em determinado momento. Durante o ano de treinamento do curso de Assistentes para a

Infância do Zero aos Três Anos, além das 20 semanas de palestras, uma pessoa passa por 250 horas de observações. Esta é uma experiência muito especial e ensina muito sobre as crianças. Os pais normalmente tem muitas outras responsabilidades e não têm tempo para este tipo de observação em casa. Mas quando eles percebem a importância de observarem - para conhecer e entender a criança - e incluir isto na agenda por alguns momentos por dia, os benefícios são enormes.

É um grande prazer apenas sentar e assistir, sem ter que fazer mais nada, e nada ajuda mais do que um pai ou mãe conhecer bem seu próprio filho.

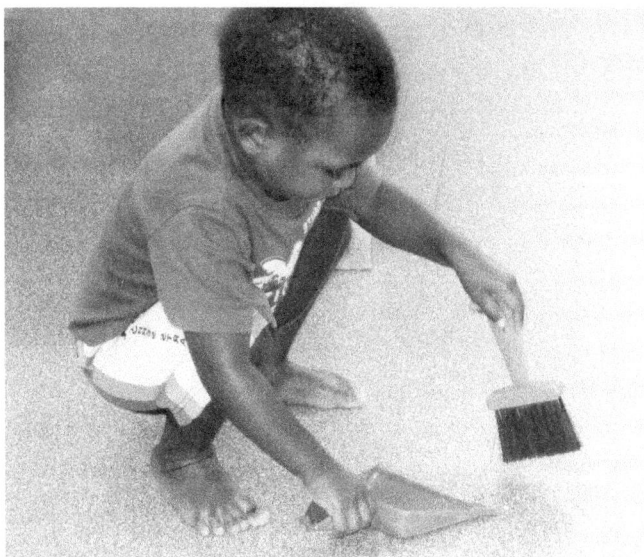

A Pesquisa da Criança Sobre as Regras da Sociedade

A busca da criança por limites e regras é chamada algumas vezes de "teste", mas existe uma conotação negativa para esta palavra. Este comportamento é um ponto positivo de pesquisa conduzida pela criança para aprender as regras e os procedimentos da família e da sociedade na qual ela vive.

Aqui tem um exemplo do significado da palavra Não. Eu me lembro de um incidente em nossa casa entre uma grande amiga e sua filha Júlia de dois anos. A garota tinha subido no banco do piano e estava quase alcançando o busto de uma escultura do Mozart que ficava em cima do piano. Enquanto ela movia um braço em direção à escultura ela olhava para sua mãe, obviamente, esperando algum tipo de resposta. A mãe falou "Não toque isto." Júlia parou, abaixou os braços, esperou alguns segundos e novamente tentou alcançar a escultura. A mãe falou "não" novamente, um pouco mais alto. De novo a garota tentou alcançar a escultura e olhou para a mãe dela. Isto aconteceu muitas vezes sem nenhuma solução.

Eu assisti esta comunicação e a confusão dos dois lados e ofereci uma sugestão: "Eu acho que ela não sabe o que significa a palavra "Não" e está tentando descobrir". A mãe riu e disse "É claro!" Então ela chegou perto da Júlia e disse "Não," gentilmente, e enquanto ela disse isto, pegou a garota e a levou para a outra parte da sala onde tinha uma pilha de blocos de construção. Ambas estavam completamente satisfeitas.

No primeiro momento que a mãe falou "Não" provavelmente a criança pensou "Não" significa "Estou esperando e olhando e acreditando que eventualmente você vai pegar a escultura. E estou ficando brava com você." No segundo momento que a mãe falou "Não" a mensagem foi clara. "Não" significa, "pare de fazer o que você está fazendo e vá para outra parte da sala ou para outra atividade," (e, obrigada pela mensagem clara e o jeito gentil de falar, "Eu não estou brava com você").

Crianças não entendem a língua da razão nesta idade; elas precisam de demonstrações claras, acompanhadas de palavras. É muito útil para os pais entenderem que a criança não está tentando ser má, mas ela está sendo normal, um ser humano inteligente tentando descobrir como se comportar. Ela está conduzindo uma pesquisa.

Ensinar através do Exemplo, NÃO da Correção

A ferramenta mais poderosa que os pais tem para compartilhar o estilo de vida deles e os seus valores, é o exemplo que eles dão, o comportamento que eles apresentam o tempo todo. Em todo o momento da vida da criança, especialmente durante os três anos, ela está aprendendo e se tornando cada vez mais como as pessoas que ela encontra ao redor dela. Ela vai imitar o jeito delas de andar, se mover e falar, o vocabulário, o manuseio dos objetos, as emoções, as maneiras, o gosto, o respeito e a consideração (ou a falta de) pelos outros, e assim por diante. A primeira coisa importante que podemos dar é rodeá-la com o tipo de pessoas que queremos que ela possa imitar.

Estas são as primeiras professoras dela.

A segunda coisa para se ter em mente é evitar corrigir quando a ação ou o comportamento pode ser ensinado de outra forma. Por exemplo, se a criança está sempre batendo a porta bem forte, a melhor abordagem é:

(1) Perceba que a criança precisa que alguém mostre a ela como fechar uma porta cuidadosamente e sem fazer barulho.

(2) Escolha um momento neutro, mais tarde (o que significa um momento que não esteja carregado de

emoção quando o adulto está bravo por causa da porta que está batendo).

(3) Dê uma lição divertida, exagerada e interessante, mostrando à criança como fechar a porta - virando a maçaneta tão cuidadosamente e fechando a porta tão devagar que não exista absolutamente nenhum som. Experimente outras portas, faça isso muitas e muitas vezes, enquanto ambos estiverem curtindo isto. Com essas atitudes o adulto pode ensinar lições muito importantes, como por exemplo, escovar os dentes, guardar os brinquedos e despejar o leite.

Mas se uma criança tenta pegar o cabo de uma panela quente, ou corre para a rua, nós corrigimos, agimos imediatamente!

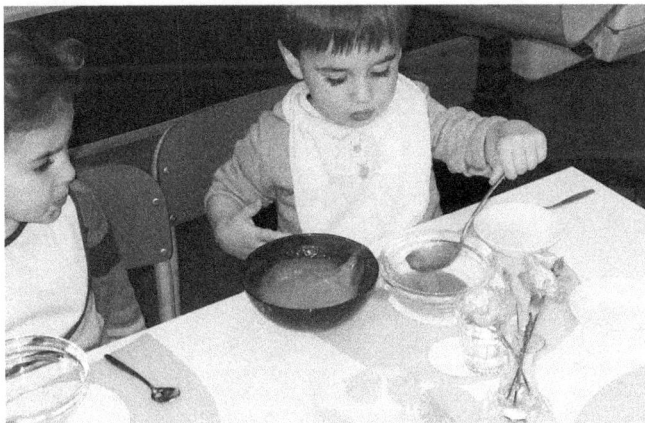

Praticar o jeito correto de servir a sopa com a concha

Lições de bons modos, como dizer "por favor" e "obrigado," vêm da cultura onde a criança vive. Em nossa família e com as crianças da vizinhança nós costumávamos praticar em volta de uma tigela grande de pipoca, oferecendo e agradecendo muitas e muitas vezes e algumas vezes gargalhando histericamente no final da lição, dos bons modos exagerados e divertidos. Nós ficamos conhecidos como a família mais educada do quarteirão porque sempre estávamos fazendo brincadeiras, para aprender bons modos de uma forma divertida. Quando pais e crianças começam a passar mais tempo ativo juntos enquanto a criança está crescendo, a necessidade dessas lições aparecem com frequência e pode ser curtida por ambos, o adulto e a criança. E a vida se torna cada vez mais agradável.

Mãe: "Você quer colocar as botas ou quer que eu coloque para você?"

Oferecendo Escolhas

Outra forma de mostrar respeito por uma criança e ao mesmo tempo ensinar o comportamento desejado é oferecer escolhas. Durante um verão eu discuti esta filosofia de dar opções com a minha sobrinha de oito anos. No dia seguinte ela e eu estávamos sentadas na grama conversando e eu notei que ela estava prestando atenção em uma mãe discutindo com sua filha, do outro lado da rua, porque ela não queria deixar a mãe colocar os sapatos nela. Finalmente minha sobrinha disse, "Olhe que mãe boba. Ela está fazendo tudo errado. Ela deveria ter falado "Você mesma quer colocar os sapatos, ou você quer que eu coloque para você?" Ela estava certa. A menina de dois anos que está apenas começando a ser capaz de trabalhar independentemente em muitos níveis físicos e mentais não está interessada que alguém diga para ela o que fazer, mas muito interessada que alguém lhe ofereça escolhas.

Vamos dizer que estamos em uma situação onde uma certa ação é necessária - como por exemplo uma criança descer de uma mesa onde ela subiu. A abordagem menos eficiente é "Desca daí!" a criança vai ficar sem graça e se recusar a fazer isto. Tente dizer, "Você precisa de ajuda para descer desta mesa, ou você consegue descer por conta própria?" A criança vai reconhecer o respeito na voz e nas palavras, e se sentir poderosa em tomar uma decisão ao invés de obedecer cegamente (ou não obedecer).

Mesmo em situações simples do cotidiano oferecer escolhas faz a criança sentir que você respeita a opinião dela. "Você quer usar as luvas vermelhas ou as azuis?" Você está pronta para dormir ou quer ouvir uma estória primeiro?" " Você quer seu purê de maçã primeiro ou a pasta?" ou, "Você gostaria de usar um garfo ou uma colher?" (Ao invés de dizer "Coma sua comida.") Eu não conheço nenhum comportamento pela parte dos pais mais certo de criar uma atmosfera pacífica no lar de uma criança de dois anos do que oferecer escolhas.

Ajudar a vida, deixando-a livre para se revelar,
seja como for - esta é a tarefa básica do educador.
—Maria Montessori

DE 1 A 3 ANOS:
BRINQUEDOS E QUEBRA-CABEÇA

Colocando dois tipos de macarrão italiano no cordão para fazer um colar de presente de aniversário

Selecionando Brinquedos

Quando você pegar um brinquedo para uma criança, apenas tente imaginar o que ela vai fazer com isto. Isto convida a uma determinada atividade? Tomada de decisão? Imaginação? Por quanto tempo seu filho vai estar interessado em passar o tempo ou brincar com isto? Isto vai encorajá-lo a explorar, pensar e passar um tempo brincando? Existem brinquedos imaginativos maravilhosos de madeira ou de tecido, disponíveis para crianças, mas normalmente o que falta é uma opção de brinquedos com uma proposta. Estes brinquedos formam a base para um trabalho mais rico da imaginação.

A imaginação é uma ótima ferramenta dos seres humanos, mas não pode ser criada do nada. Imaginação criativa é baseada e diretamente relacionada à qualidade de experiências sensoriais no mundo real. Uma imaginação fértil possibilita que alguém visualize uma solução (finalize um quebra-cabeças por exemplo) e trabalhe neste sentido. Quanto mais experiência uma criança tiver com atividades de propostas reais e resolver problemas, mais útil, criativa e efetiva sua imaginação vai se tornar.

O quebra-cabeças de encaixar um grupo de bonecas russas (matrioskas) de diferentes tamanhos é a atividade predileta nesta comunidade infantil em Moscou e nesta casa tibetana.

Procure por brinquedos que ofereça um desafio, uma proposta, um começo e um fim, e onde a conclusão da atividade esteja inerente no material. Por exemplo, quando a criança tiver colocado todos os discos na caixa de discos, ela terá completado um ciclo de atividades bem sucedidamente, vai sentir uma enorme satisfação, e estará normalmente preparada para repetir a atividade muitas e muitas vezes. A coordenação entre mãos e olhos se desenvolve quando é óbvio que um brinquedo é montado de um jeito específico, por exemplo, um cubo dentro de um buraco quadrado e uma esfera dentro de um buraco redondo. Não é pouca coisa para uma criança aprender a dirigir seus músculos para fazer o que olhos vêem aquilo que deveria ser feito. E o desafio de tais atividades ajuda a criança a desenvolver a coordenação e a concentração. Tudo isto deve ser considerado quando se escolhe brinquedos para a criança neste estágio de desenvolvimento.

O uso da madeira ao invés do plástico ajuda a criança a apreciar o mundo natural, as cores, as sombras e os grãos de madeira, e a variação do peso dos brinquedos de madeira, numa variedade de tamanhos e densidades. A qualidade demonstra respeito pela criança e ensina ela a ter respeito pelos seus pertences. Beleza e durabilidade são importantes em todas as idades, pois o gosto da criança está sendo formado neste momento da vida. Pessoas que aprendem a apreciar o convívio com a beleza cedo na vida, podem mais facilmente nos incentivar a criar um lar bonito, e talvez um mundo bonito, quando elas crescerem.

Uma bola estará sempre no topo da lista de "brinquedo favorito"

Organizando e Variando os Brinquedos

Os brinquedos deveriam ser mantidos na área onde a família vive, não apenas no quarto da criança. As caixas grandes, tradicionais, de brinquedo, onde algumas partes podem ser perdidas e os brinquedos podem não ser encontrados não são úteis para uma criança desta idade que tem um enorme senso de ordem. Prateleiras são muito mais satisfatórias, onde os brinquedos podem ser sempre mantidos no mesmo lugar. Ter ordem no ambiente ajuda a criar um sentimento de segurança na criança, e confiança no ambiente. Cestas, bandejas, ou pequenas caixas arranjadas caprichosamente em prateleiras baixas podem ajudar muito a criar esta ordem.

Preste atenção no seu filho para ver com quais brinquedos ele brinca mais e quantos ele deixa jogados e esquecidos. Tente deixar os brinquedos disponíveis para a criança o suficiente para que ela consiga mantê-los organizados em cestas, em uma prateleira, e não amontoado.

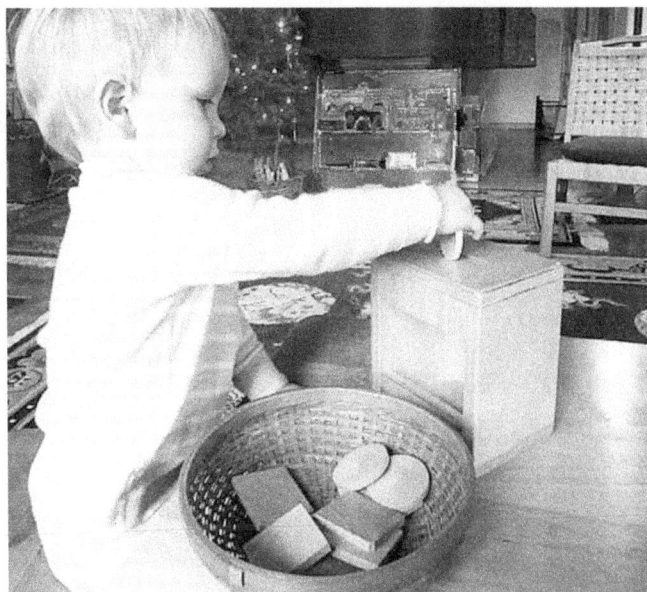

Aprendendo a Guardar os Brinquedos

Limitar o número de brinquedos disponíveis a qualquer momento e ter um lugar para cada brinquedo, ajuda com a tarefa de ensinar a criança a guardá-los. Mas mais importante é o exemplo dado pelos outros no ambiente. Se o adulto coloca cuidadosamente e continuamente as partes do quebra-cabeça e os brinquedos de volta, com um sorriso, em frente da criança, ela eventualmente vai imitar esta atividade. Algumas vezes o "guardar" dentro das cestas é a parte mais divertida do brincar nesta idade.

Apenas pás reais de jardim, com pequenos cabos, vão funcionar muito bem na praia.

Numa comunidade infantil Montessori esta lição é muito mais fácil do que em casa, onde os pais precisam estar focados em tantas coisas ao mesmo tempo, enquanto que o trabalho da professora é dar exemplo para a criança o tempo todo. Ela vai guardar os brinquedos constantemente, cuidadosamente, devagar, e conforme a criança vai se conscientizando disto, ela vai querer aprender isto - assim como ela quer aprender qualquer coisa que os adultos fazem.

É muito mais fácil se habituar a guardar um brinquedo logo depois que ele é usado e antes de pegar outro, quando é óbvio onde ele vai na prateleira. Cada brinquedo em seu "lugar". É mais difícil quando todos os brinquedos estão sendo usados de uma vez e todas as prateleiras estão vazias, então ajuda quando se cria o hábito de guardar um brinquedo antes de pegar outro - novamente, o adulto faz isto e é eventualmente imitado pela criança. Os pais podem fazer uma brincadeira de guardar os brinquedos, ao invés de fazer disto uma tarefa desagradável. Com crianças bem pequenas não espere resultados imediatos; isto leva tempo e muitas repetições (com sorrisos).

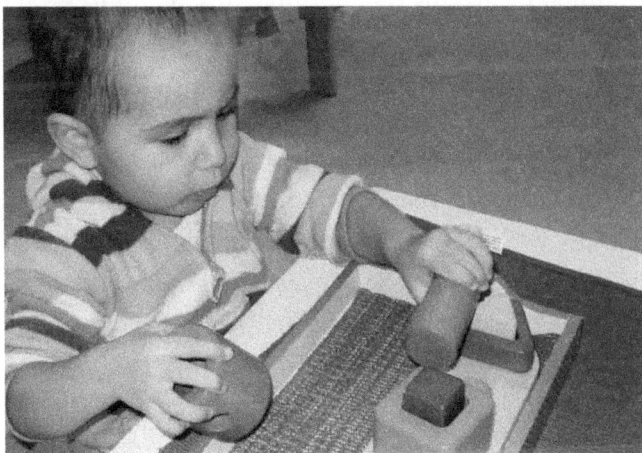

Respeitando a Concentração

Uma das coisas mais importantes que podemos fazer para uma criança é respeitar a concentração. Quando a criança está envolvida em algo seguro e determinado (uma atividade que requer esforço da mente e do corpo - não assistindo TV!) isto é considerado um importante trabalho, para ser respeitado e protegido - para ser incentivado. O primeiro fundamento para o desenvolvimento da criança é a concentração. Isto cria a base para o seu caráter e o seu comportamento social.

Elogio, ajuda, ou até um olhar pode ser o suficiente para interrompê-la, ou destruir a atividade. Parece estranho dizer, mas isto pode acontecer até se a criança se torna meramente consciente de estar sendo observada. Afinal de contas, nós também, algumas vezes nos sentimos incapazes de continuar trabalhando se alguém vem ver o que estamos fazendo.

A habilidade do professor (e dos pais) em não interferir vem com a prática, como tudo o mais, mas nunca vem tão facilmente. Que conselhos podemos dar para as mães? Suas crianças precisam trabalhar numa ocupação interessante: elas não deveriam ser ajudadas desnecessariamente, nem interrompidas, uma vez que elas tenham começado a fazer alguma coisa inteligente.

— Maria Montessori

Fazer colar de contas é outra atividade favorita, primeiro grandes contas de madeira e então, em um ambiente cuidadosamente assistido por adultos, contas bem pequenas.

Discriminação Visual e Controle do Olho e da Mão

É especificamente a oposição entre o polegar e o dedo indicador que tornou possível executar os movimentos extremamente refinados que têm produzido a totalidadeda da cultura humana - da arquitetura à escrita, da música à pintura, e toda a tecnologia que enriquece as nossas vidas.
— **Silvana Montanaro, MD**

Conforme a criança explora o ambiente ela se torna consciente e interessada na variedade de cores e sombras no ambiente interno e externo. Este é o momento de dar quebra-cabeças de formas e cores simples, porque crianças amam colocar as coisas dentro de potes, como pedaços de quebra-cabeças em espaços que encaixam. O uso de quebra-cabeças com puxadores e outros brinquedos que necessitam ser segurados de um jeito especial pelos dedos e pelas mãos - chamado de pegada de pinça - do polegar e dos primeiros dois dedos, vão preparar a criança para outras atividades motoras finas, e mais tarde para a escrita, enquanto ela satisfaz sua necessidade de pensar e resolver problemas.

Brinquedos de Quebra-Cabeça

Aprender o uso correto de ferramentas reais no ambiente é similar ao uso de brinquedos com uma proposta definida. Alguns brinquedos, como o quebra-cabeças, têm um jeito específico de ser usado, e outros, como bonecas e blocos, que estimulam a imaginação, podem ser usados de muitas formas. Ambos são criativos. É um desafio, porém, encontrar brinquedos que tenham uma forma exata de serem usados. Crianças ficam encantadas em saber o jeito correto de usar os brinquedos com procedimentos específicos, assim como elas ficam orgulhosas em aprender o jeito correto de usar uma ferramenta de marcenaria, ou um instrumento musical, ou os passos para se cozinhar ou em resolver uma infinidade de problemas da vida diária

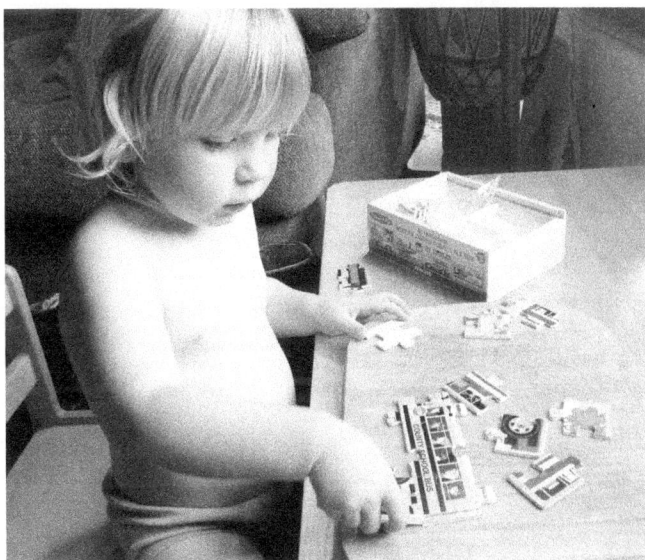

Através de experiências, desde pequenas, com quebra-cabeças, as crianças podem desenvolver muitas habilidades úteis: manusear materiais, refinar movimentos, completar um ciclo de atividades, seguir passos lógicos em ordem e resolver problemas. Existe um controle de erro embutido no quebra-cabeças, então a criança pode julgar por conta própria, sem a ajuda de outra pessoa se o trabalho foi feito corretamente. Esta é uma atividade de alto nível mental. Tanto quanto o domínio dos passos que se seguem logicamente, bem como segurar o puxador, remover os pedaços do quebra-cabeças, um de cada vez, colocando-os sobre a mesa. Pegar os puxadores de novo, um de cada vez e colocar corretamente os pedaços na moldura.

Isto é tão satisfatório mental e fisicamente que uma criança vai geralmente ser vista repetindo a mesma atividade muitas e muitas vezes, algumas vezes até umas vinte vezes, e então soltar um suspiro de satisfação quando tiver terminado. Não sabemos o que acontece na mente da criança nestes momentos, mas sabemos que é importante e não deveria ser interrompida.

Com bons brinquedos de quebra-cabeças lógicos as crianças aprendem a trazer o uso do corpo sob o controle da vontade, para se concentrarem, para fazerem um plano, para seguirem uma linha de pensamento e para repetirem e se aperfeiçoarem. Esta é a base da criatividade. Ao escolher um quebra-cabeças existem muitos elementos para se ter em mente. Procure não somente por durabilidade, segurança, qualidade e beleza, mas também pela quantidade de tempo brincando (trabalho importante) que vai manter a criança envolvida. Quebra-cabeças com puxadores oferecem mais passos para se dominar, quebra-cabeças de inserir começando com formas simples são as melhores opções para se começar. Quebra-cabeças de duas partes introduzem um novo desafio e levam a criança adiante com mais dificuldades e satisfação conforme ela vai crescendo. Outros exemplos incluem bandejas com divisórias para selecionar diferentes objetos, brinquedos de costurar, caixas de selecionar formas, pinos de encaixar, blocos de montar, colares e pulseiras de contas, pregos e parafusos de madeira, caixas de trancar, primeiros triciclos ou bicicletas. Aprender o uso correto destes objetos é a base da criatividade.

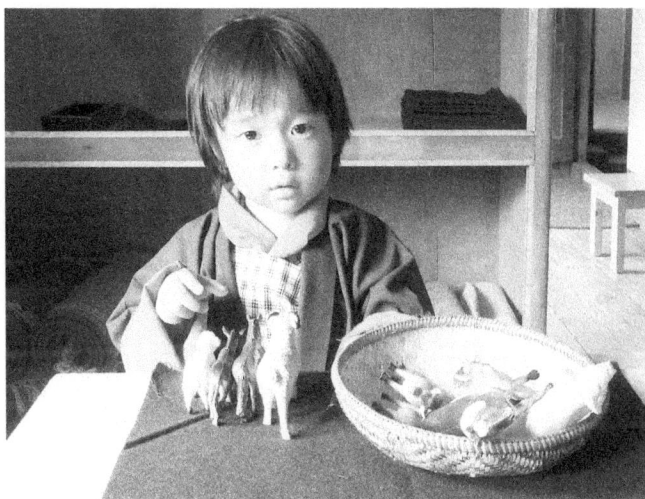

Miniaturas de animais são brinquedos favoritos.

Brinquedos que Estimulam a Imaginação

Com brinquedos que estimulam a imaginação, como os blocos de construção, a criança vai aplicar as habilidades físicas e mentais aprendidas com outros brinquedos, e também a se expressar e processar sua informação mental única. Ela vai processar e reviver experiências, por exemplo, enquanto brinca com bonecas ou miniaturas de animais. A qualidade e a variedade de brincadeiras imaginárias depende da qualidade e variedade das experiências do mundo da realidade.

A coisa mais importante a se considerar é a curtição do trabalho da criança, pois é através de um trabalho agradável que ela vai repetir, focar e crescer.

DE 1 a 3 ANOS: Música

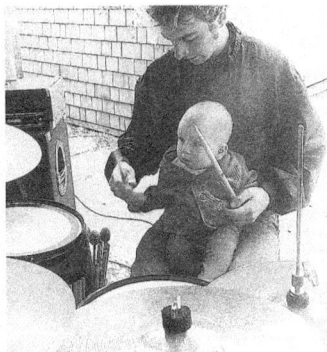

*Ensinando os ritmos através da dança acompanhada pela música,
e depois tocando os ritmos na bateria!*

Dançando e Cantando

*Se você pode andar, você pode dançar.
Se você pode falar, você pode cantar.*
— **Provérbio Zimbabwe**

Todos têm um impulso inato para dançar, cantar e fazer música, e se oferecermos isto para nossas crianças todos os dias, e nos juntarmos a elas, isto pode nos ajudar também. Quando nossa primeira neta tinha algumas semanas, nosso filho que é músico gravou uma fita especial com fragmentos de músicas de diferentes países do mundo: baterias africanas, salsa, etc. Então ele segurou a mão dela, e enquanto a música tocava, ele dançou com ela acompanhando os diferentes ritmos das músicas, de tal forma que ela pudesse sentir esses ritmos em seu corpo. Ela era a primeira neta a nos acompanhar com os nossos instrumentos de percussão durante as noites em nossa reunião de família, e fazia um excelente trabalho de ouvir os ritmos e acompanhar com a bateria. Ela se tornou uma ótima dançarina e quem sabe se tudo isto começou ou não com a fita e as danças. Ele fez o mesmo com todas as sobrinhas e sobrinhos.

Para ajudar a construir um interesse por música é importante eliminar todos os sons de fundo quando se estiver tocando ou ouvindo música; apesar dos adultos conseguirem distinguir os sons, uma criança nesta idade não consegue; ela ouve tudo. O gosto musical da criança é formado quando ela é bem nova, então é um presente para ela oferecer o melhor de todos os tipos de música - e mostrar os instrumentos reais sendo tocados, sempre que possível.

O adulto não precisa ter uma voz bonita para servir de modelo de cantor para as crianças - apenas uma canção curta a qualquer hora do dia, e a criança acompanha, conforme tenha interesse. Cantar é terapêutico para todo o corpo e oferece prática à linguagem - palavras e padrões de linguagem que não apareceriam em conversas cotidianas.

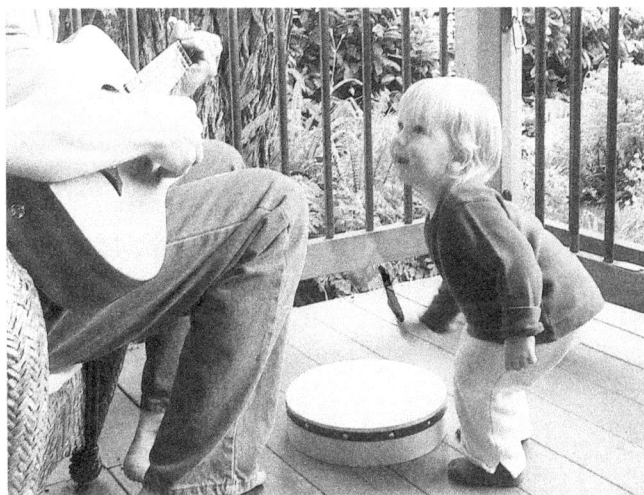

Uma nova forma de sistema educacional não vai aparecer enquanto não dermos séria consideração ao fato de que temos uma "mente dupla". Crianças de qualquer idade devem receber uma experiência equilibrada de pensamento VERBAL e INTUITIVO para ajudar a desenvolver o grande potencial da

mente humana. Os resultados não vão incluir apenas um bom funcionamento do cérebro, mas também vão trazer mais felicidade na vida social e pessoal.

Na educação ocidental nós costumamos separá-los, porque muitas das coisas que o hemisfério direito (intuitivo) é capaz de fazer não são tão valorizadas em nossa civilização. Então desde bem pequenas as crianças aprender a não se expressar completamente com aquele hemisfério porque não foram instigadas a dar muita importância ao movimento do corpo ao dançar ou cantar, desenhar... todas as artes.

Nas civilizações orientais, no entanto, maior importância tende a ser dada à parte intuitiva do cérebro; o hemisfério lógico é considerado irrelevante em resolver os problemas reais de nossa existência. É uma fonte de grande esperança para o nosso futuro próximo que os mais avançados seres humanos de ambas as culturas estão se unindo no reconhecimento de que precisamos um do outro para nos tornarmos completos e que temos muito a compartilhar.

—Silvana Montanaro

Instrumentos de Percussão
e outros Materiais Musicais

Durante este período da mente absorvente nós podemos dar muito para a criança no sentido de palavras e imagens. Existem alguns CDs muito bons de música, brincadeiras musicais com os dedos e música de dançar para crianças. Se existe um aparelho de CD que a criança possa colocar para tocar, você pode colocar em cada CD uma etiqueta com uma imagem, um violino para um CD com músicas deste instrumento e assim por diante. Se você planeja incluir músicas do Método Suzuki na sua família, esta é a hora de começar a tocar os CDs do Método Suzuki, porque assim como a linguagem primeiro é ouvida e depois expressada em palavras, isso também acontece no Método Suzuki; este Método é chamado de "língua materna" no aprendizado de música.

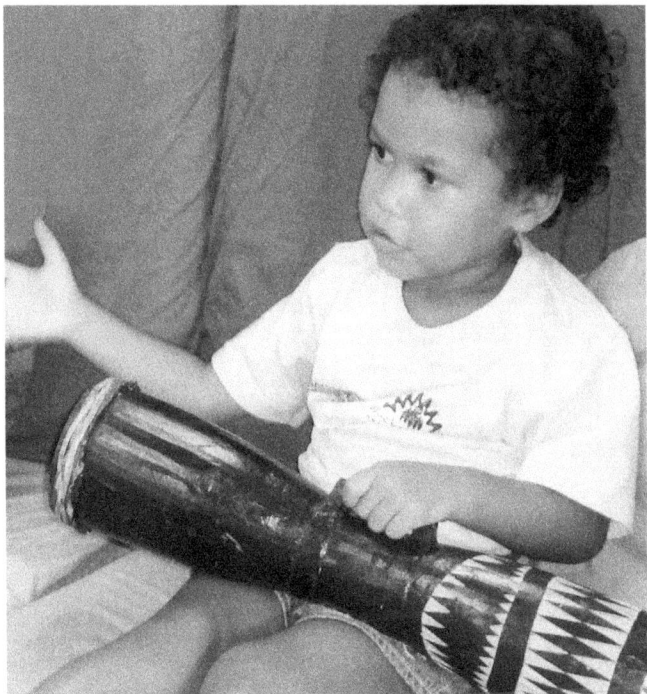

Este também é o momento em que a criança pode aprender os nomes de instrumentos musicais clássicos e populares. Primeiro tente mostrar um instrumento de verdade e uma imagem deste instrumento, como por exemplo, um violão ou um piano, e depois fotos de muitos instrumentos em cartões e em livros.

Um doutor tibetano tocando música tradicional para seu neto bem novo

Em nossa casa nós temos uma boa coleção de tambores e instrumentos de percussão, porque quando os adultos estiverem tocando violões ou piano, até a criança mais nova pode acompanhá-los. É impressionante como uma criança bem nova pode aprender a sentir e a reproduzir ritmos junto com todos os demais.

É importante para a criança perceber que música é sempre o resultado de movimentos corporais. Mesmo se houver sons naturais, a criança precisa entender que os seres humanos, usando vários músculos da boca, das mãos e dos braços produzem música. Elas deveriam ter a oportunidade de testemunhar como os músicos controlam seus gestos para obter diferentes sons musicais.
— **Silvana Montanaro**

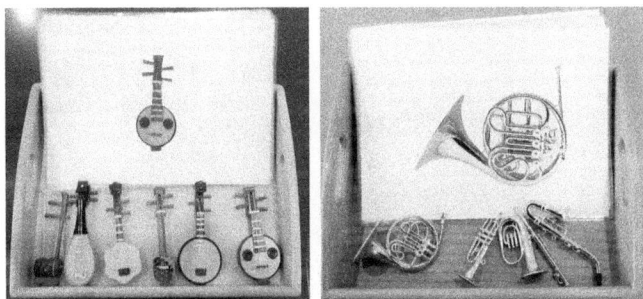

Aqui têm alguns exemplos de cartões e réplicas de instrumentos musicais da cultura da criança e do resto do mundo..

Depois de experimentar instrumentos reais, gravações e imagens em cartões e livros sobre instrumentos musicais vão ter muito mais significado. Quando for possível, dê cartões com imagens e miniaturas de instrumentos musicais com os quais a criança já tenha alguma familiaridade e depois apresente aqueles de outros lugares, tanto popular como clássico.

Instrumentos de percussão de alta qualidade (que não sejam de plástico) vão deixar a criança acostumada à melhor qualidade de som musical. Recomendamos instrumentos reais, de diferentes países do mundo, como também instrumentos clássicos ocidentais, para se ter qualidade, variedade e beleza de som. Acima de tudo, curta esta experiência com o seu filho - música é uma das grandes alegrias da vida.

O que não existe no ambiente cultural, não vai se desenvolver na criança.
- Dr. Shinichi Suzuki

DE 1 A 3 ANOS: LINGUAGEM

*Uma mãe ouvindo atentamente um comentário
da criança sobre uma folha que ela achou*

Ouvir Acontece Primeiro

*A linguagem precisa ser natural e excitante,
porém controlada, divertida, real e sintonizada com
cada criança. Precisamos examinar nossa própria
linguagem e nos tornarmos cada vez mais um bom
exemplo de onde a criança absorve a linguagem.
Devemos nos lembrar que somos o material de
linguagem mais importante do ambiente.*
—Judi Orion

Muito antes da criança se expressar claramente em
linguagem ela ouve e absorve tudo o que ela escuta.
Geralmente nós não estamos nem conscientes de que a

criança está fazendo isto, mas a partir do momento que ela começa a falar, isto fica muito claro. Três vezes na minha vida com cada um dos meu três filhos, eu aperfeiçoei minha linguagem intencionalmente, enquanto eles repetiam tudo o que eu dizia! Em um ambiente rico em linguagem, os adultos falam com a criança desde o nascimento, não com fala de bebê, mas com respeito e um vocabulário preciso. Se queremos ajudar nossos filhos a falarem bem, nós devemos dar este exemplo, bem antes do que pensávamos ser necessário.

Olhando nos olhos de um bebê e mantendo este contato até que ELE olhe para outro lugar

Uma Segunda Língua

A criança absorve todas as línguas da família e da comunidade, começando no útero. Isto continua a ser uma parte importante da experiência da criança nos primeiros meses e anos. Nesta idade elas apresentam uma habilidade impressionante de absorver linguagem em todas as suas complexidades, e não apenas uma língua! Aqui vai um conselho que ajuda no aprendizado de mais de uma língua de uma vez.

A linguagem deve ser usada no ambiente da criança nos primeiros anos da vida dela, no sentido de que uma ou mais pessoas deveriam falar esta língua "extra" para a criança e na presença dela.

Se pudéssemos ter duas, três, quatro ou cinco pessoas falando diferentes línguas ao redor da criança, ela poderia absorver facilmente todas elas, sem fazer o menor esforço, desde que cada pessoa fale com ela SEMPRE E APENAS na sua própria língua. Mas isto só é possível nos primeiros anos de vida.

— Silvana Montanaro

Ouvindo e Incluindo a Criança em uma Conversa

A atenção que damos a uma criança quando ela consegue falar com a gente pela primeira vez é significante. Geralmente a criança está tão empolgada em falar e ser capaz de se expressar que ela até gagueja.

Isto é um estágio muito natural no desenvolvimento da linguagem verbal e um sinal para o adulto parar, olhar e escutar, NÃO para suprir a palavra que está faltando ou comentar sobre a gagueira. Quando a criança tem certeza de que vai ser ouvida, ela geralmente vai se acalmar e aprender a falar mais claramente.

O desenvolvimento da linguagem começa antes do nascimento e continua a ser a parte principal do desenvolvimento da criança pelos três primeiros anos de vida. O melhor que podemos fazer para ajudar a criança a desenvolver uma boa linguagem é incluí-la nas nossas conversas desde os primeiros dias.

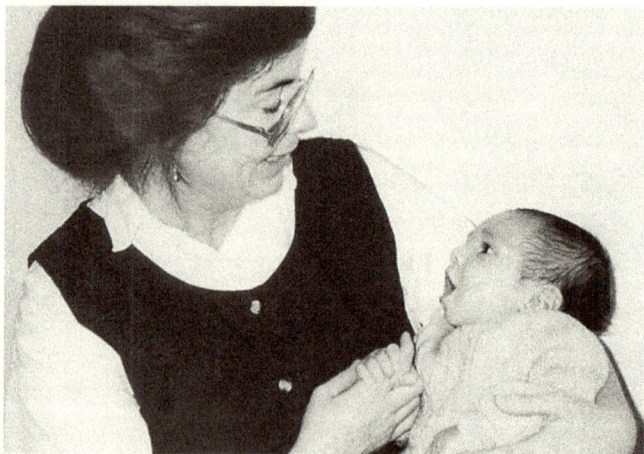

A autora com o neto da Dra Silvana Montanaro em Roma

Há alguns anos atrás eu estava almoçando na casa da minha professora do treinamento Montessori - Silvana Montanaro, em Roma. Junto conosco estavam sua filha e seu netinho Raoul. Depois que terminamos de jantar eu estava segurando Raoul em meu colo enquanto estávamos conversando. Silvana viu que ele estava atento à minha boca enquanto eu falava, provavelmente porque ele estava acostumado com a língua italiana e eu estava falando inglês.

Eu olhei para outra direção para responder a uma pergunta e Silvana sinalizou para eu continuar olhando para ele. Ela me disse que eu deveria continuar olhando para ele até que ele parasse de olhar para mim. Eu poderia falar com ele ou com qualquer pessoa na mesa, mas meu rosto deveria estar virado para ele. Isto se seguiu por algum tempo e ficou claro para todos nós quando ele decidiu parar de olhar para o meu rosto.

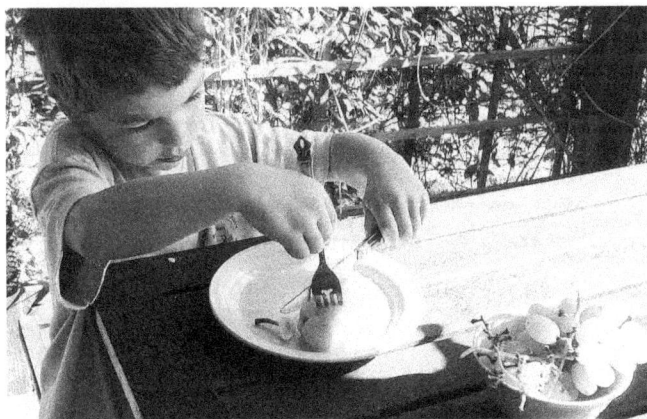

Quando estiver dando uma lição sobre os nomes das frutas esteja preparada para a possibilidade de que a criança vai querer comê-las!

Eu nunca esqueci esta lição e tenho compartilhado este conselho com muitas pessoas. É surpreendente ver o prazer no rosto dos bebês, até mesmo desconhecidos em um supermercado ou no ônibus, quando alguém fica olhando para eles sem se virar para outro lugar. É sempre uma nova experiência para o bebê, mas uma boa experiência.

Vocabulário, Palavras, Fotos e Livros

A experiência sensorial de objetos reais deveria vir antes de fotos ou nomes destes objetos, sempre que possível. Por exemplo, se você tem um livro novo com fotos de frutas e vegetais, leve a criança para a cozinha e dê uma fruta na mão dela para ela cheirar, cortar e experimentar um pedaço, então ofereça o vocabulário - as cores, a textura, o gosto, nomes como casca, semente, suco, etc.

A inteligência é construída através de uma riqueza de experiências seguida pelo vocabulário para classificar e expressar a experiência. Uma criança nesta idade tem fome de aprender o nome de todo objeto em seu ambiente e o significado das palavras que ela ouve outros usando. Ela quer muito ser capaz de se comunicar sobre a vida cotidiana com a família dela. Dê a ela os nomes dos objetos da cozinha, brinquedos, comida, veículos, cachorros, ações como mexer a colher, polir, correr, etc. - qualquer coisa encontrada em casa e na comunidade. Brinque com jogos como os de nomear coisas, que ensina a criança os nomes dos objetos de um jeito lógico. Isto é chamado da lição de dois períodos.

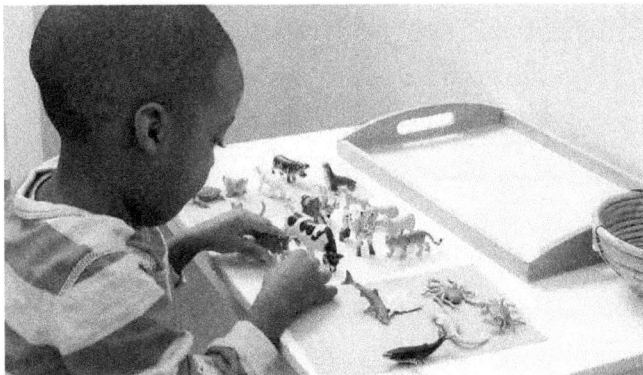

Miniaturas de animais, aprendendo os nomes

Lição de Dois Períodos

Primeiro Estágio: nomeando as coisas: selecione alguns objetos interessantes do mundo da criança e nomeie eles claramente e repetidamente, convidando a criança a nomeá-los depois que você o fizer. "Esta é uma colher, uma colher, colher."

Segundo Estágio: praticando o uso dos novos nomes: peça à criança "Você pode me dar a colher, por favor?" Você pode colocar o copo ao lado do garfo? Me dê o pires, por favor." Você pode colocar aqui em cima?" (apontando para um espaço no carpete ou na mesa), e assim por diante. Neste estágio existem muitos movimentos combinados com o uso de novas palavras. (Se a criança cometer um erro, apenas volte sutilmente ao estágio de nomear as coisas).

Existe um "período sensitivo" de nomear as coisas... e se os adultos responderem para esta fome

de palavras de um jeito apropriado, eles podem dar a
seus filhos uma riqueza e precisão de palavras que
vão durar por toda a vida.

—Silvana Montanaro

Quando a criança aprendeu o nome de muitos objetos reais, nós podemos ampliar este vocabulário com imagens. Livros de vocabulários e grupos de cartões com imagens, como por exemplo uma coleção de imagens de gatos, são materiais educacionais valiosos para as crianças em casa - e elas adoram isto!

A seleção dos livros é tão importante quanto a seleção dos brinquedos. Visitas à biblioteca é muito importante, mas também deveria haver livros favoritos da criança na própria biblioteca dela. Algumas vezes durante este período crítico ou sensitivo por linguagem, ela vai querer que um livro seja lido por muitas e muitas vezes. Outras vezes ela só vai querer ouvir sobre as imagens e comentar. Uma criança também adora aprender como virar as páginas cuidadosamente, pegar, segurar e guardar um livro.

Um esforço deveria ser feito para se oferecer livros que mostre crianças de todas as culturas, e que não tenha situações e pessoas estereotipadas. A linguagem do livro deve mostrar respeito pela criança, suas emoções e sua inteligência. Faça seleções cuidadosas de livros e providencie uma estante ou um lugar acessível para guardá-los, assim a criança sempre pode encontrar o livro que ela quer, cuidar dele e guardá-lo de volta por conta própria.

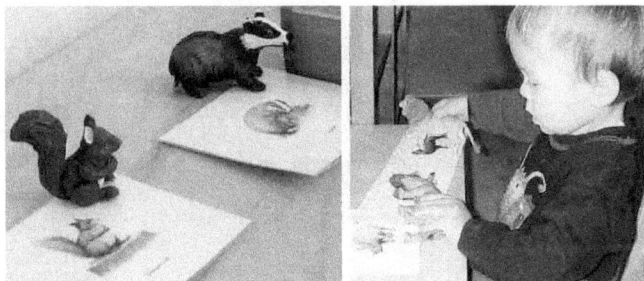

Relacionando objetos com as fotos dos objetos

Seja criteriosa! Mesmo os mais simples livros de vocabulários são demasiados, cheios de cores vibrantes e muito estimulantes para a criança. É muito melhor ter apenas alguns poucos livros bonitos para ser amado e respeitado, do que ter muitos que não têm valor nenhum para a mente da pequena criança que está se desenvolvendo.

Nesta idade os assuntos nos livros devem ser baseados na realidade porque a criança quer aprender sobre o mundo real. Agora nós oferecemos estórias sobre nossas próprias vidas e livros sobre a realidade, deixando os de animais que falam, como encontramos nos livros de fábulas para mais tarde.

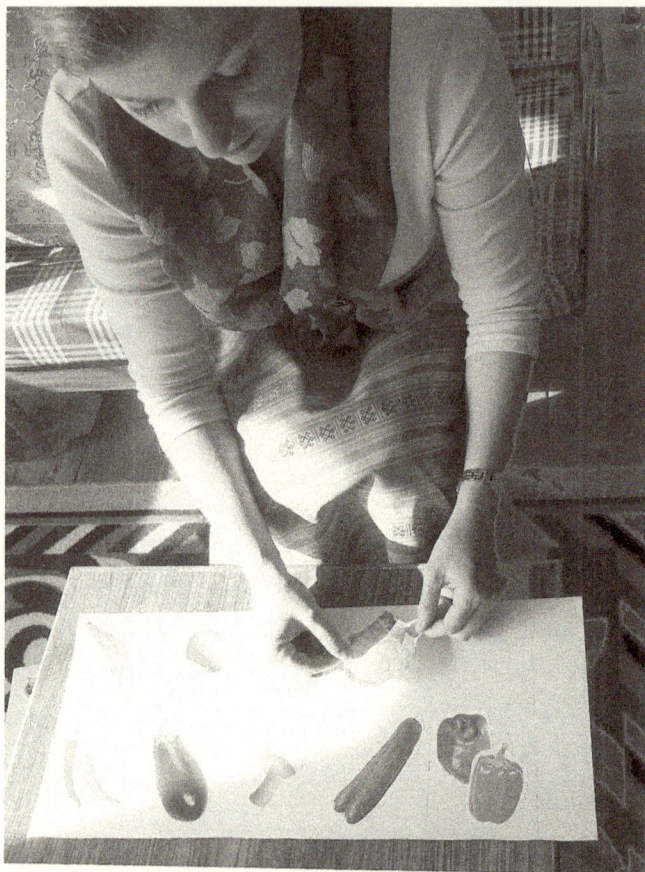

A filha da autora no Butão, fazendo cartões de imagens, de um livro achado em uma loja na capital, para serem usados na sala de aula.

Fantasia é muito interessante para as crianças mais velhas, mas para as mais novas é muito confuso. Uma base rica de estórias sobre o mundo real é a melhor preparação para uma imaginação criativa. Nós devemos checar se os livros apresentam

*a realidade, pois nesta idade a criança está tentando
entender o ambiente e a vida ao redor dela. Não
existe nada mais extraordinário e interessante do que
a nossa vida cotidiana. A fantasia pode vir mais tarde
- depois da realidade ter sido experimentada e
absorvida.*

—Silvana Montanaro

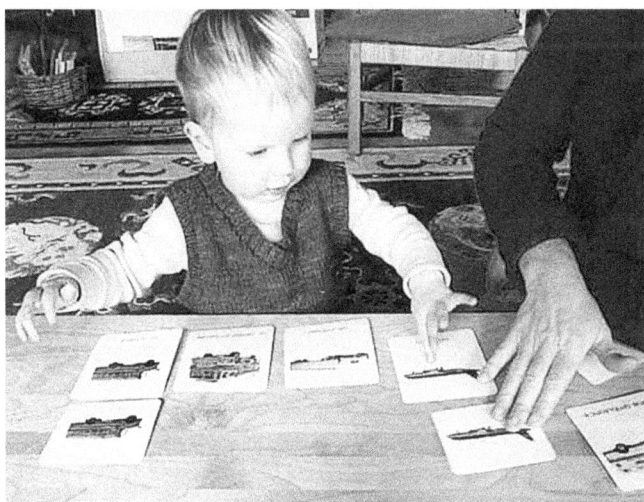

Relacionando pares de cartões com imagens idênticas,
aqui um grupo de veículos

Língua Formal

Junto com as palavras que se aprende na casa da
criança e em sua comunidade, este também é o momento
para introduzirmos palavras, frases e assuntos que não
fazem parte do seu dia-a-dia. Isto inclui poesias e
canções. Quando praticamos as ações descritas nas

canções, ensinamos o significado das palavras, mas apenas a poesia, ainda que a criança não entenda, também é valiosa, e ela vai entender o significado mais tarde.

Um dos poemas favoritos que eu sempre recitei com os meus filhos é "Jack be nimble, Jack be quick, Jack jump over the candlestick." Eu coloco uma vela apagada em um porta-velas, no chão. Enquanto eu declamo a poesia e falo a palavra "pule" eu pulo sobre a vela. As crianças adoram fazer isto e de repetir esta ação por muitas vezes, primeiro você falando as palavras e depois elas pulando. E todos nós sabemos como é divertida "a queda" no final da canção "Ring Around the Rosie."

Mas poesias bonitas para adultos também agradam tanto quanto as rimas para crianças. Elas podem oferecer imagens, como uma introdução para metáforas e não precisam rimar! Um bom exemplo é o poema Fog de Carl Sandburg

> *The fog comes — On little cat feet.*
> *It sits looking — Over harbor and city*
> *On silent haunches — And then moves on."*

Contação de estórias, Lendo e Escrevendo

Claro que a linguagem falada vem primeiro, e o adulto é a peça material de linguagem mais importante do ambiente. Crianças amam que nós conversemos com elas e também gostam de estórias simples, ("O que eu comi no café da manhã" ou "Era uma vez um menino pequeno que sentou no colo de seu pai enquanto seu pai lia para ele. Ele estava usando pijamas vermelhos. . .") são mais agradáveis do que estórias longas e fantásticas.

Muitas crianças vão se sentar, fascinadas, por horas, se nós lermos para elas, então este é a nossa chance de passar adiante o amor pela literatura e leitura, para ensinar fatos, valores e a pronúncia das palavras, até mesmo aquelas que não são usadas frequentemente no discurso cotidiano.

A base para o amor da criança pela leitura começa com ela vendo outras pessoas ao redor dela lendo e curtindo a leitura, mesmo quando estas pessoas não estão lendo em voz alta para ela. E apesar de que hoje em dia muitos de nós produzimos nossa escrita no computador, é importante para a criança nos ver escrevendo em um papel, com lápis ou caneta, em cartões de agradecimento, cartões de aniversário, listas de supermercado e assim por diante. Não é à toa que algumas crianças são boas para ler e escrever enquanto outras não são, que algumas se divertem com este trabalho e para outras isto é entediante. A alegria de explorar a linguagem começa cedo, e é mais intensa durante os três primeiros anos de vida.

Apenas letras minúsculas são usadas até que a criança esteja escrevendo e lendo.

O Alfabeto

Uma criança bem pequena que tem um irmão ou um irmã que está aprendendo a ler geralmente se interessa em aprender o alfabeto. Para não causar confusão mais tarde, nós oferecemos a esta criança o som de cada letra (ao invés de dizer o nome das letras) e usamos apenas caixa baixa (ao invés de usarmos caixa alta). Pense nisto. Quando uma criança aprende letras maiúsculas e os nomes das letras, ela não está nem um pouco preparada para aprender a ler e escrever. Quase toda a escrita e leitura é de letras minúsculas, "b", ao invés de "B," e os sons são o que precisamos para poder ler, "sss" ao invés de "esse," para a letra "s." Aprender letras maiúsculas e nomes das letras, apesar de ter sido ensinado primeiro por muitos anos, é o que faz com que aprender a ler e a escrever seja tão difícil para as crianças. A coisa mais importante para se lembrar é seguir os interesses da criança e a manter o aprendizado natural e agradável.

Mordida?

O desenvolvimento da criança não vem em um ritmo previsível, mas acontece de uma vez, também chamado de explosão de linguagem. Existe um período dormente, aparentemente inativo e então, de repente uma nova habilidade se desenvolve rapidamente. Um exemplo é a explosão da fala. Geralmente, em algum momento no segundo ano, ela começa a entender muitas, muitas palavras e tem muito a falar, mas é incapaz de dizer as palavras ou sentenças. Isto pode causar uma enorme frustração que algumas vezes é expressada através de uma mordida - o uso inapropriado da boca!

Isto não é estar sendo má, mas devemos proteger as outras crianças ao mesmo tempo em que tentamos entender a que está se sentindo frustrada. Para não causar um relacionamento de agressor-vítima a melhor coisa a fazer é dar atenção às duas crianças, igualmente. "Eu estou chateado por você estar machucada: Eu estou chateado por você estar frustrada." Muitos de nós, por medidas de segurança e para ensinar a resposta correta à frustração, devemos fazer o máximo de esforço para reconhecer quando a criança começa a se sentir frustrada e tirá-la de perto antes que ela morda alguém!

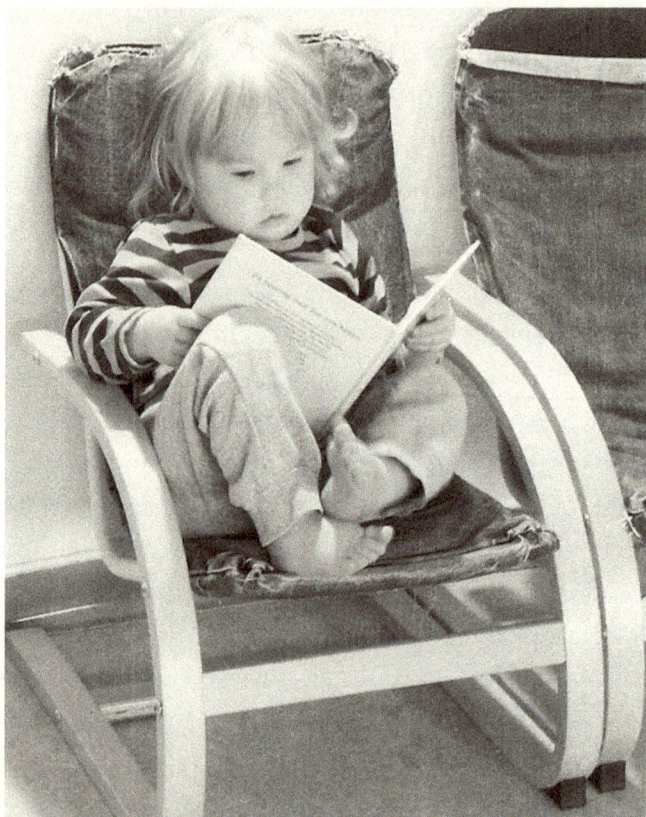

*"Por favor, não me interrompa.
Eu estou "lendo."*

Existem algumas crianças, especialmente neste mundo moderno, que levam uma vida bem corrida, que aprenderam a receber atenção, muito frequentemente, através de um comportamento negativo, como morder; muitas crianças preferem receber atenção de uma forma negativa, como ouvirem gritos do que serem ignoradas. Se você acha que este é o caso, a solução é dar à criança mais atenção, coisas pequenas para que ela possa participar de suas próprias atividades, mais comunicação, coisas para fazerem juntos, atividades interessantes para ela fazer por conta própria, desta maneira ela não tem necessidade de chamar a atenção através de um comportamento negativo, como morder, por exemplo.

O mais importante destas sugestões é dar à ela atividades interessantes para fazer por conta própria. É a concentração profunda, sem ser interrompida, que em qualquer idade, traz o ser humano de volta ao equilíbrio e à felicidade.

Aqui se tem um exemplo de cartões de vocabulário da cultura da própria criança. Estas frutas são encontradas na Tailândia, com os nomes na língua tailandesa

O mais importante destas sugestões é dar à ela
atividades interessantes para fazer por conta própria.
É a concentração profunda, sem ser interrompida,
que em qualquer idade, traz o ser humano de volta ao
equilíbrio e à felicidade.

— **Maria Montessori**

Imaginação? Mentira?

O que é o que? Para a criança nesta idade não existe diferença. Algumas vezes por volta dos 5 aos 7 anos, a criança se interessa por justiça, moralidade e verdade e ela vai explorar estes conceitos em profundidade. Mas no final do período do nascimento aos três anos e durante o quarto e o quinto ano, a tentativa de uma criança se comunicar não deveria ser interrompida por questões sobre verdade.

Quando a criança, às vezes por ter um bom público prestando atenção nela, segue com uma estória que começa ligada à realidade e depois se transforma em uma grande invenção, é uma boa idéia para o adulto dizer algo como: "Uau, você tem uma ótima imaginação!" ou "Uau, que estória maravilhosa!" Desta forma, você valoriza a criança por usar vocabulário, imaginação, habilidades verbais e ao mesmo tempo introduz conceitos como imaginação e estória, o que eventualmente vai ajudá-la a entender a diferença entre imaginação e mentira.

Materiais

Livros de capa dura são úteis em casa quando nem sempre se pode ensinar como virar uma página cuidadosamente, desta forma o livro está sempre em bom estado. CDs de canções e rimas para crianças, livros de vocabulário com imagens de objetos cotidianos, como ferramentas, roupas e comidas. E também um grupo de cartões sobre o mesmo assunto.

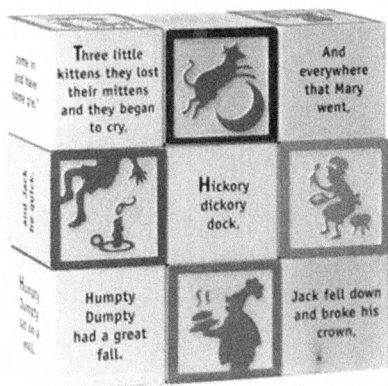

Nós encontramos uma coleção de blocos de rimas para crianças que tem sido sempre o favorito para crianças desta idade. Em cada bloco tem um poema curto e um símbolo, pelo qual a criança pode identificar o poema. Um exemplo é o do "Os Três Gatinhos" com um simples esboço dos três gatos. A criança pode pegar o bloco que tem o símbolo desejado e trazer para você ler aquele poema em particular. Cartões de poesia também podem ser feitos com símbolos.

Quebra-cabeças de letras minúsculas familiarizam a criança com as formas das letras minúsculas e até com a ordem das letras do alfabeto, não como uma lição de ler e escrever, mas como uma exposição ao mundo moderno da criança. E livros, livros, e livros dos tipos comentados acima.

Apoiando o desenvolvimento da linguagem

Para ter sucesso na linguagem a criança precisa da confiança de que o que ela fala é importante, um desejo de se relacionar com os outros, experiência real onde a linguagem é baseada, e as habilidades físicas necessárias para ler e escrever.

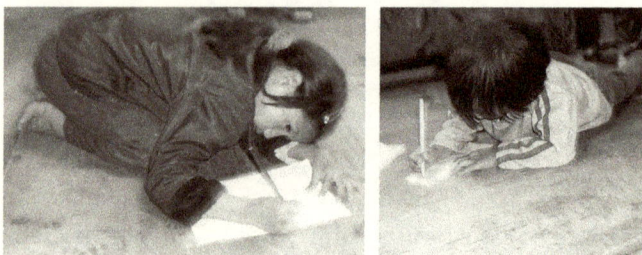

Vendo a sua irmã mais velha escrever,
esta criança bem pequena no Butão,
pegou seu próprio lápis e papel e começou a sua própria "escrita."

Como eu disse, o adulto, no ambiente humano, é a consideração mais importante no apoio do desenvolvimento da linguagem para uma criança pequena. O adulto e as crianças mais velhas serão os principais modelos para se ouvir, falar, escrever, ler e amar a linguagem.

Nós podemos ajudar o desenvolvimento da linguagem da criança pequena ao ouví-la, ao olhar nos olhos dela, falando corretamente em sua presença, e oferecendo um ambiente estimulante, rico em experiências sensoriais e em linguagem, oferecendo uma riqueza de experiências, porque a linguagem é insignificante se não for baseada em experiência.

Isto acontece primeiro dentro de casa, mas depois pode ser fora, na natureza, para se ter a experiência e falar sobre flores, árvores, animais, e depois, no supermercado para se ter experiência sobre comidas, e assim por diante. Podemos oferecer materiais como blocos e livros de rimas, cartões de vocabulários, livros de assuntos reais e que são relacionados com a vida da criança.

Podemos compartilhar boa literatura na forma de rimas, canções, poesias e estórias, que vão aumentar imensamente o amor da criança pela linguagem.

Tudo isto vai colaborar com a apresentação de nossas poesias favoritas e de grande obras da literatura, conforme a criança for crescendo. Este é o momento, ao invés de ser na escola, ou na universidade, em que os seres humanos realmente aprendem linguagem.

DE 1 A 3 ANOS: ARTE

Aprendendo a pintar com aquarela.

Arte é Mais que Desenhar

Arte é uma maneira de abordar a vida, de se mover e falar, de decorar uma casa e a escola, e de se enfeitar, de selecionar brinquedos e livros. Arte não pode ser separada de outros elementos da vida. Nós não podemos "ensinar" uma criança a ser um artista, mas como disse Drª Maria Montessori, podemos ajudá-la a desenvolver:

Um Olho que Vê
Uma Mão que Obedece
Uma Alma que Sente

A verdade é que quando existe um espírito livre, ele tem que se materializar em alguma forma de trabalho, e para isso, as mãos são necessárias. Em

todos os lugares nós encontramos traços do trabalho
manual de homens e mulheres, e através destas coisas
nós podemos ter uma idéia do espírito e os
pensamentos deles naquela época.

— **Maria Montessori**

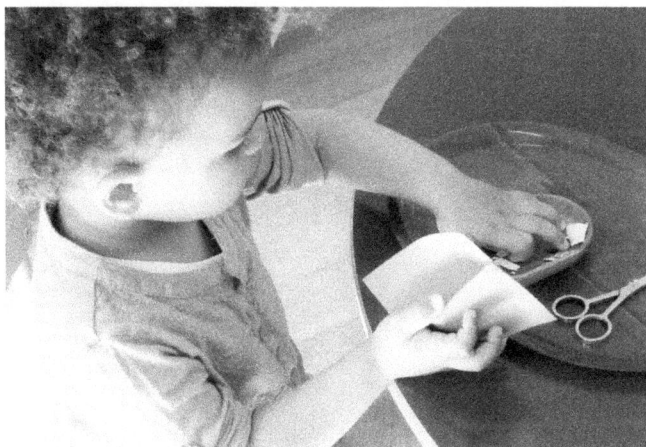

Depois de cortar as tiras de papel em pequenos quadrados e retângulos,
preparados pela professora, a criança nesta comunidade infantil na Holanda,
coloca estes papéis em um envelope pequeno.
Um trabalho longo, lógico e divertido

Nesta idade as crianças são capazes de produzir muitas formas de arte visual e criativa, incluindo cortar e colar papel, desenhar com giz, desenhar com lápis preto e colorido, com giz de cera de abelha, de pintar com aquarela e trabalhar com outras pinturas e com argila.

Como em todas as outras atividades, existem muitos passos em cada processo e as crianças se divertem ao aprenderem estas coisas. Na pintura, por exemplo, primeiro se coloca o avental, depois o papel no cavalete (normalmente com a ajuda de alguém), se aprende a mergulhar o pincel no pote de tinta e deixar escorrer na beira do pote, para evitar os pingos, então aplicar a tinta no papel, por quanto tempo tiver interesse, e depois tirar o avental e lavar as mãos. Na primeira lição, já que se tem tanto a aprender, a criança geralmente só recebe uma cor. Conforme ela vai dominando este processo, ela será capaz de manusear dois ou mais potes e pintar com mais cores.

Uma criança mais velha também vai aprender a colocar o papel no cavalete, removê-lo e colocá-lo em algum lugar para secar, lavar os pincéis, lavar o cavalete e assim por diante. O desafio depende do estágio de desenvolvimento da criança. Uma vez eu fiquei observando este garoto de quase dois anos numa aula para crianças, pintar com diversas cores continuamente por 45 minutos e depois passou outros 15 minutos lavando as mãos.

Materiais Artísticos

Teste o giz de cera e os lápis antes de comprá-los. Algumas vezes os modelos de baixa qualidade são muito duros e muito insatisfatórios para a criança. Isto gera uma situação em que a criança passa apenas um minuto usando estes materiais, o que contraria toda a proposta. O mesmo com a argila: ela precisa ficar macia o suficiente, rápido o suficiente para a criança passar um bom tempo modelando ela. É importante oferecer a melhor qualidade que podemos proporcionar - lápis, giz de cera, canetinhas, argila, papel, pincéis - e ensinar a criança como usar e cuidar destes materiais, e especialmente como limpar e guardar tudo, de tal maneira que tudo - o espaço de trabalho, a mesa e a cadeira e os materiais artísticos - esteja pronto para a próxima inspiração artística.

Evite as canetinhas e pinturas e também a argila que tenham muita tinta e que tenham ingredientes muito ásperos para as crianças pequenas e as que tenham muita sensibilidade.

É divertido fazer projetos especiais de arte na casa e na comunidade infantil, mas mesmo nesta tenra idade as crianças se beneficiam por ter uma variedade de materiais artísticos disponíveis para elas a todo momento e um espaço para trabalhar, ininterruptos, quando elas estiverem inspiradas.

Esta criança está sendo segurada no alto para sentir o entalhe em um muro, em um templo bonito, na China

Apreciação da Arte

A beleza e a qualidade dos primeiros chocalhos e móbiles são a primeira lição intrínseca de apreciação de arte para uma criança. O mesmo é verdade para a escolha dos brinquedos, posters e outros trabalhos artísticos na parede do quarto da criança e pelos outros cômodos da casa, as louças e os talheres e a forma com que os objetos são colocados em cestas ou nas prateleiras, ou penduradas nos ganchos - criando ordem e beleza. Existe uma enorme quantidade de arte para se descobrir no mundo, em parques, e em muitas outras partes de um vilarejo ou cidade.

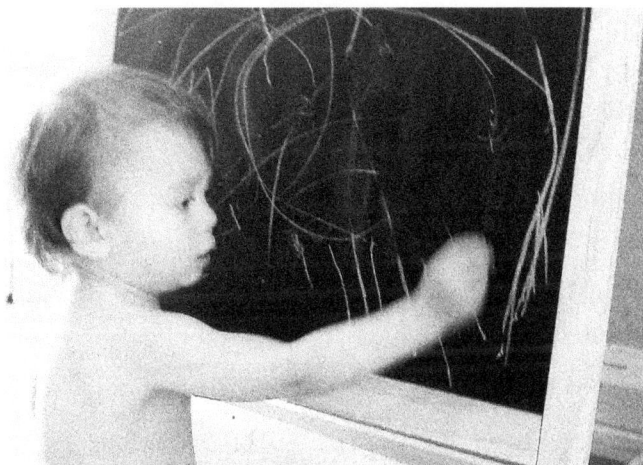

Desenhando com giz em uma lousa, em um cavalete, apropriado para o tamanho da criança

Todas as partes da casa ou da comunidade infantil influenciam no desenvolvimento do senso de beleza, equilíbrio, forma e cor na criança.

Reproduções de obras-primas, ou belas fotografias, ou representações artísticas de animais ou crianças, ou outros assuntos apropriados, ao redor do mundo, inspiram uma apreciação da beleza, em qualquer idade. Ótimas coleções de arte podem ser feitas de calendários antigos e podem ser penduradas no nível do olho da criança, em qualquer parte da casa.

Trabalhos Artísticos

É importante que a gente não ofereça modelos feitos por adultos, livros ou papéis para colorir. Nunca mostre a uma criança como desenhar ou pintar alguma coisa, como uma flor ou uma casa; a criança vai sempre simplesmente repetir e repetir o que você mostrou. Artistas famosos como Paul Klee e Pablo Picasso trabalharam muitos anos para alcançar a originalidade, espontaneidade e estilos infantis que nossas crianças já possuem naturalmente.

O melhor que podemos fazer para nossos filhos é preparar um ambiente bonito, oferecer os melhores materiais e sair do caminho.

DE 1 A 3 ANOS: PESSOAS

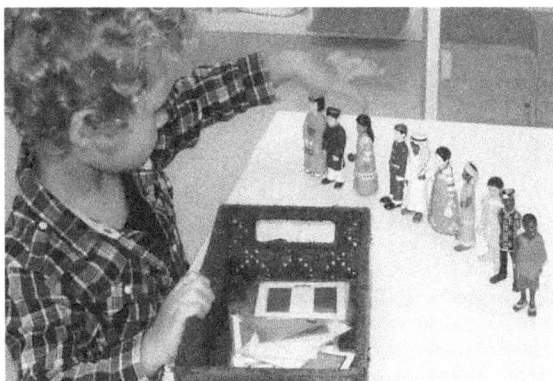

*Esta criança está dando uma olhada em uma cesta de bonecas
pequenas com fantasias e bandeiras de diferentes países*

A Vida Diária das Pessoas ao Redor do Mundo

*As crianças abraçam a vida que é vivida ao
redor delas, aceitam as oportunidades oferecidas,
encarnam esta vida e estas oportunidades como o
jeito "normal" que a Vida é. Por causa deste
tremendo poder, o poder da mente absorvente, nós
temos a oportunidade de dar à criança uma Vida rica
em todas as suas manifestações, vida em toda a sua
beleza, seus desafios, suas primorosidades: desafios
físicos e psicológicos, diferentes gerações, muitas
cores de pele, cor de cabelo, jeitos de viver a vida.
Esta exposição permite à criança crescer sem
preconceitos ou parcialidades, mas sim com uma
apreciação pela vida em todas as suas manifestações.*
**—Judi Orion, Instrutora dos professores dos
Assitentes para a Infância do Método Montessori**

Hoje o mundo está se tornando uma pequena comunidade, e atitudes positivas com as pessoas que têm cores de peles, línguas, comidas e canções diferentes são mais importantes do que nunca. Estas atitudes são formadas nos primeiros anos de vida, enquanto a criança absorve os sentimentos na casa ou na comunidade infantil.

Explorando uma verdadeira casa tradicional do povo Yurok, no norte da Caliórnia

Nós podemos criar uma introdução saudável e amorosa para as culturas do mundo passando tempo com pessoas que falam uma língua diferente da nossa, ou que são de outra cultura ou outra nacionalidade. Estas pessoas podem ser os vizinhos, amigos pessoais, membros de uma igreja, escola, uma organização voluntária, ou mesmo em celebrações anuais.

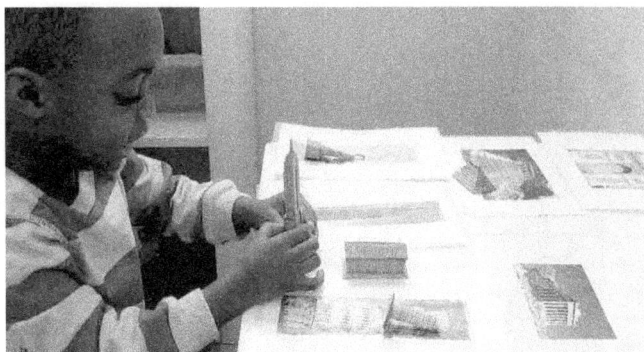

Este pequeno garoto está relacionando pequenas réplicas de construções famosas como a pirâmide asteca e o Empire State Building, com as fotos deles.

Em cidades grandes, esta é uma tarefa fácil, simplesmente ande pelo centro da cidade e você vai ouvir os sotaques e as línguas, sentir o cheiro da comida, e às vezes até encontrar as danças e as canções. Mas mesmo se morarmos no interior, é possível ouvirmos as músicas através de CDs e preparar as comidas. Através destas introduções casuais e simples as crianças passam a entender que todos os seres humanos têm necessidades e experiências similares.

Se experiências deste tipo são possíveis ou não, nós podemos ampliar o ponto de vista de nossas crianças sobre a humanidade oferecendo, sempre que possível, exposição para uma enorme variedade de artes, música, comida, canções, roupas, celebrações, danças, moradias, línguas, meios de transporte, ferramentas - na casa e na comunidade infantil. Nós podemos oferecer experiências e oportunidades para conversas sobre diferentes elementos das culturas através de fotos e livros nesta idade.

Este é o momento da mente absorvente, a idade em que a criança se torna literalmente todas as impressões percebidas do ambiente. É o momento de introduzir estas impressões casualmente, não com lições ou discursos, mas com experiências e sensações. Use os nomes verdadeiros de comida, canções, ferramentas, de tal maneira que a criança forme um vocabulário que esteja relacionado com estas experiências.

Mais tarde ela vai usar estas impressões para entender a história e as culturas do mundo, e talvez refletir sobre os tipos de preconceitos que vemos frequentemente nas notícias e em nosso mundo.

Materiais

Porque não ter as primeiras bolas sendo globos? Bolas de globo grandes e pequenas são as preferidas nas comunidades do Método Montessori, não para lições formais, mas apenas para praticar rolar e jogar uma bola. As formas das características geográficas vão se tornar familiar para a criança e fazer com que estudar geografia mais tarde seja como retornar a um velho amigo.

Perto do final do terceiro ano é uma boa idéia ter um globo de verdade e/ou um mapa de parede do mundo, em casa, de tal forma que as referências dos lugares possam ser feitas de uma forma tangível para a criança. A criança não vai entender a noção de espaço e distância, mas ficará interessada nas cores e formas e de dar nomes a eles: "África,", "Indiana", "Amazônia," etc. Eventualmente o globo ou mapa real pode ser mantido à vista na área comum da casa, ao invés de deixar no quarto da criança, então será visto como uma parte real de uma ferramenta importante usada por toda a família.

Fotografias que são penduradas no nível do olho da criança podem ser de todo o mundo, não apenas da cultura da criança. Numa sala de aula na China eu vi uma bela figura colorida feita em um pedaço de madeira, de uma mulher cozinhando, que estava pendurada logo acima de onde as crianças íam assar o pão.

Uma mesa com os preparativos para assar o pão em uma comunidade infantil Montessori, na China

A música pode vir de outras tradições, e existe um CD adorável com canções de ninar, cantado em diferente línguas. Em alguns lugares é possível introduzir uma criança à frutas e vegetais que são de outros países, como plátanos, um tipo de banana-da-terra que é fatiada e frita, ao invés de ser servida como algo doce.

Minha filha uma vez mostrou para o filho dela, que ainda não tinha dois anos, como moer diferentes temperos, como pimentas, dentes de alho, canela, sementes de cominho e vagens de cardamomo, e misturou tudo para fazer uma pimenta Indiana. Ele adorava corresponder o cheiro e as cores de cada tempero com o respectivo nome, e por muitos dias ele repetiu o favorito de sua mistura por muitas e muitas vezes, "garam masala garam masala garam masala..."

Este é o momento de introduzir o máximo possível de elementos sensoriais da cultura da criança, mas também das culturas do mundo, porque ela vai ser uma cidadã do mundo.

DE 1 A 3 ANOS: PLANTAS E ANIMAS

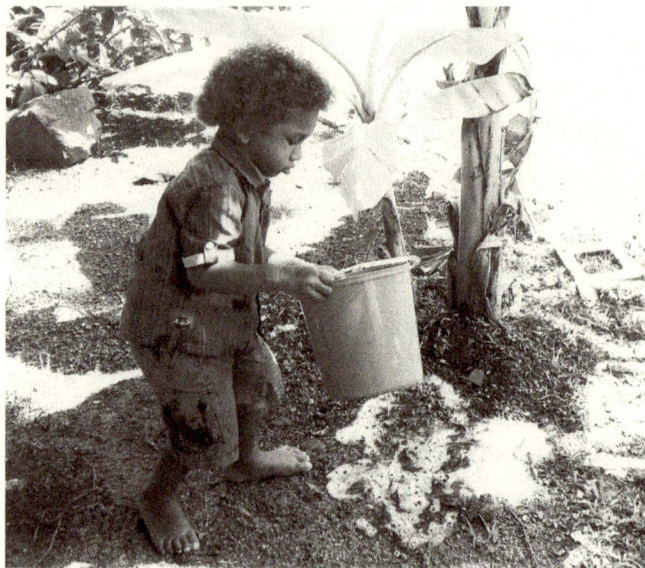

Cuidar das plantas nesta comunidade nas Torres Strait Islands

Um Amor Natural pela Natureza

O cuidado por coisas vivas proporciona satisfação para um dos instintos mais vivos da mente da criança. Nada é melhor calculado do que isto para despertar uma atitude de precaução.
— **Maria Montessori**

Nós focamos no amor natural e na afinidade da criança pela natureza, e a tendência de querer tocar, segurar, e cuidar de espécies como pedras, conchas, sementes, flores e folhas, insetos, gatinhos - todas as coisas vivas e não vivas. Uma atmosfera de amor e respeito por plantas e animais na casa é a melhor fundação. Nada pode substituir uma caminhada na natureza, ouvir passarinhos, procurar por conchas pela praia, assistir o crescimento diário de uma flor no jardim. Desde o começo da vida, é vital manter o vínculo entre a criança e a natureza.

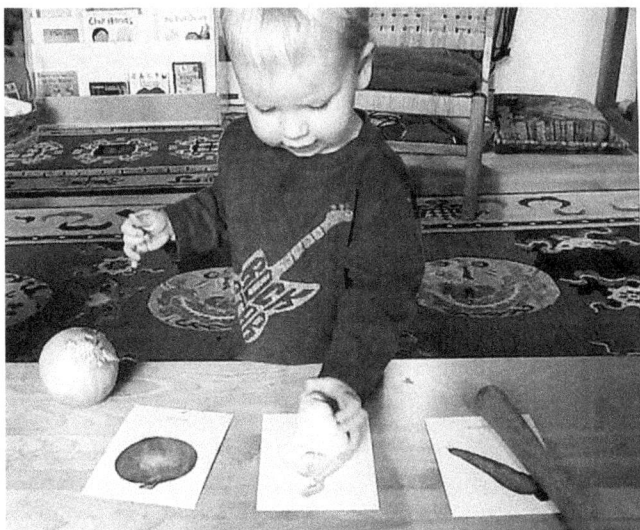

Os cartões com imagens de vegetais estão sobre uma mesa na sala. A criança adorar correr para a cozinha e voltar com os vegetais relacionados com estas imagens. Crianças nesta idade querem desenvolver o máximo de esforço possível.

Experimentando e Nomeando Plantas

Para a criança nós podemos oferecer flores e frutas para explorar através da visão e do olfato; mostrar a ela a sombra das folhas da árvore e o som delas sendo movidas pelo vento. É importante para uma criança passar algum tempo em locais abertos, experimentando a natureza, todos os dias, se for possível - em todos os tipos de clima e durante todas as estações. Muito cedo na vida uma criança vai apreciar a variedade de textura e a cor da casca da árvore, das folhas, flores, e então olhar para as cores vivas de um livro sobre plantas.

Nos primeiros três anos de vida a criança está absorvendo, sem esforço, todas as experiências e o nome de todas as coisas. Durante este período de vida ela vai começar a "explodir" em linguagem, usando todas as palavras que ela tem escutado. Então, desde o começo, nós podemos usar as palavras exatas, e desta forma a criança também será capaz de fazer o mesmo. Não apenas flor, mas o nome da flor (Papoula-da- Califórnia, por exemplo) e palavras descritivas como laranja, pequena e macia. Se você for um jardineiro que sabe o nome em Latim ou cientíico das plantas, você vai descobrir que isto é tão fácil para a criança quanto os nomes comuns - e o quanto é divertido para elas aprenderem isto agora.

Se você está planejando um ambiente externo que será bom para crianças, tenha a certeza de incluir um espaço para plantas selvagens e animais. Algumas das melhores espécies biológicas são as plantas selvagens tipo dente-de-leão e cardo. Quando a criança começa a andar, tem muita coisa que ela pode fazer relacionada às plantas: juntar as folhas secas, cortar e servir frutas frescas, simples arranjos de flores, lavar as folhas e assim por diante.

Eu me lembro durante um inverno de ir andar pelo bosque com o meu neto, que estava começando a falar. Tinha musgo na base de uma árvore, então eu toquei o musgo e falei a palavra "musgo" para ele. O mesmo aconteceu com o tronco de uma árvore um pouco mais abaixo, na trilha. Cada vez que eu tocava o musgo e falava a palavra ele me imitava. De repente o rosto dele se iluminou porque ele tinha abstraído o conceito.

Desde então, todas as vezes que nós chegávamos perto de uma árvore que tivesse musgo no seu tronco mais baixo meu neto tocava isto e falava a palavra "musgo". Foi muito agradável ver este progresso no entendimento e na linguagem.

Jardinagem

Ter ferramentas de jardinagem e um carrinho de mão pequeno e ajudar a levar a grama que foi aparada, ou qualquer outra coisa que precisa ser transportada é uma forma excelente de envolver a criança com os trabalhos do quintal. Mas até mesmo um vaso com uma planta é melhor que nada quando não se tem jardim. Um vaso grande de cerâmica, na verdade, serve como um excelente jardim sazonal para a família, e é o suficiente para a criança participar das atividades de jardinagem desde os primeiros anos.

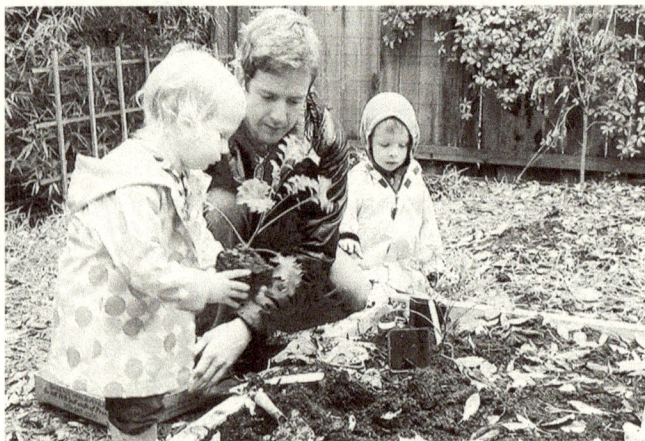

Crianças adoram ver uma tulipa emergir do solo, na primavera, depois de se ter plantado os bulbos e de se esperar um bom tempo, ou também ver as sementes brotarem em um pote, para comer os brotos de feijão, por exemplo. Elas podem ajudar a limpar o pote de água usado para o beija-flor, ou lavar as ferramentas de jardinagem e guardá-las depois de terem sido usadas. Seja o que for que fizermos relacionado à jardinagem na nossa casa, normalmente tem alguma coisa que a criança pode fazer para participar. Tenha certeza de que as plantas e ferramentas em casa e no jardim são seguras para as crianças.

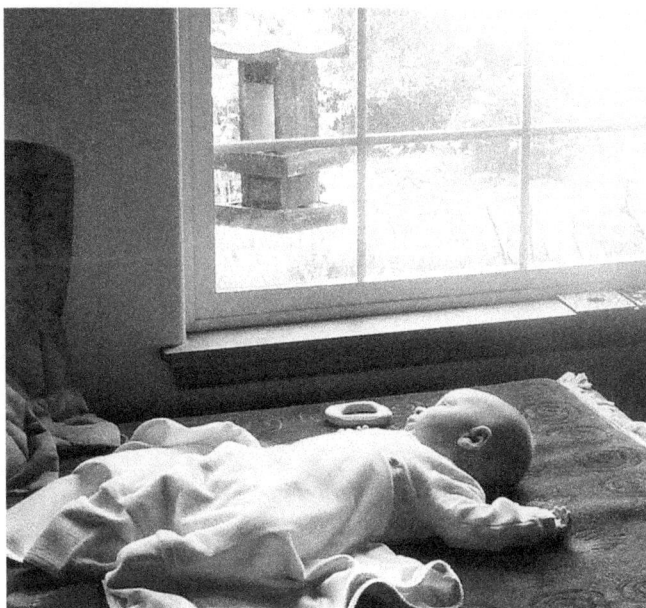

Mesmo antes de um ano de idade esta criança observava os pássaros através de uma janela enquanto eles comiam. Ela está crescendo e desenvolvendo um grande interesse por pássaros.

Observando e Cuidando dos Animais

Pendure o pote de água para o beija-flor fora da janela e mostre à criança como se sentar bem quietinha, de tal forma que os pássaros não fiquem com medo. Os binóculos da criança podem oferecer a ela um sentimento de participação nas atividades dos pássaros, e permitem à criança ver os pássaros de uma certa distância. Ter girinos como visitantes temporários e

163

observar um casulo, são realmente experiências mágicas para uma criança. Eles oferecem a experiência de ver uma criatura bem de perto, sem ter que mantê-la permanentemente fora de seu ambiente. Porque os animais selvagens são menos acessíveis às crianças do que as plantas, nós sugerimos que se observe os pássaros, insetos e outros animais na natureza e depois desta experiência, oferecer mais modelos de animais, fotos e livros sobre eles - livros com figuras, livros para quem está aprendendo a ler e livros de referência.

Cuidar dos animais pode ser uma atividade para se começar cedo na vida. A criança pequena vai amar ajudar a servir a ração do gato na tigela dele, ou aprender a fazer carinho na direção certa.

Numa escola Montessori as crianças viram por muitos dias dois gatos de raças diferentes e elas aprenderam o nome correto destas raças; talvez fosse um cálico e um siamês. A professora, seguindo o interesse das crianças, então preparou cartões grandes com as figuras e os nomes corretos. Logo em seguida as crianças, todas menores de três anos, íam para casa falando sobre: abissínio, maine coon, himalaio, norueguês da floresta, azul russo, e assim por diante. Foi uma ótima lição para a fome de linguagem neste período da vida.

Aprender a alimentar, acariciar e brincar com um animal pode substituir medo por amor.

Uma vez eu tive uma experiência muito triste em um parque (eu não vou mencionar em qual país) onde cada uma das crianças recebeu uma pequena rede. Elas aprenderam como afundar a rede em um pequeno lago e pegar os girinos. Então elas jogavam estes girinos na grama, atrás delas, e depois pegavam mais girinos, enquanto os que já estavam na grama, morreram. Para mim, esta foi uma outra lição, sobre como as atitudes dos adultos afetam as crianças. Estas crianças estavam aprendendo uma falta de respeito pela vida - a usar a natureza para o seu próprio prazer ao invés de respeitá-la e cuidar dela.

Ao observarmos e seguirmos a apreciação da criança pelo mundo natural, nós podemos despertar a memória da nossa própria infância - um presente dos nosos filhos para nos ajudar a diminuir a velocidade, a vivenciar o momento com a beleza da natureza que está ao redor de nós, a escutar, ver, sentir e apreciar.

Esta criança está cortando flores e fazendo arranjos em pequenos vasos de vidro para colocá-los nas mesas na comunidade infantil.

Materiais

Um pequeno pano de tirar pó ou regadores de água permitem à criança remover as folhas secas, ou regar as plantas. Uma criança pode usar vasos pequenos, tesouras seguras, e funis para encher de água os vasos pequenos e criar pequenos arranjos de flores para decorar a mesa de jantar. Ferramentas de jardinagem que tem pegadores de madeira e partes de metal, ao invés daqueles feitos todo de plástico, regadores no tamanho certo, um carrinho de mão, vão permitir à criança participar nos trabalhos reais de jardinagem.

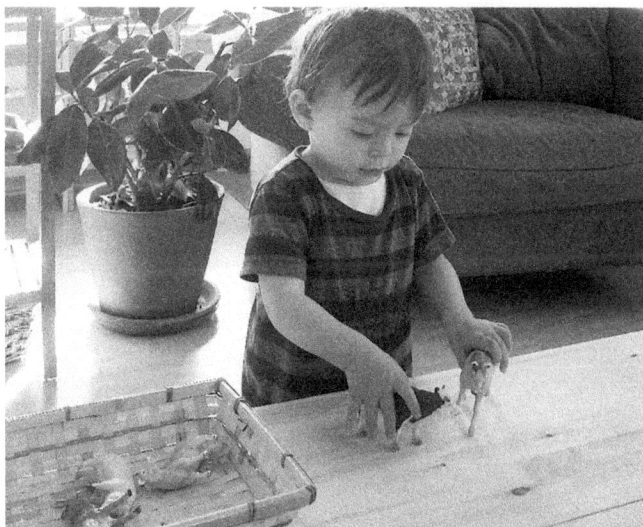

Animais de miniatura sempre foram um dos favoritos para as crianças, dentro dos que estimulam a imaginação, e podem ser usados para combinar as miniaturas com as fotos. Mas por favor, tenha certeza de que essas miniaturas de animais sejam feitas de um plástico seguro, como os feitos pelas empresas européias, que têm alto padrão.

As miniaturas de animais podem ajudar a criança a explorar os animais fora de seu ambiente e a aprender ainda mais nomes. Os binóculos ajudam a estudar a natureza de uma certa distância. Fotos bonitas de plantas e flores, algumas vezes exemplos de belos trabalhos de arte, podem ser pendurados na parede. Você talvez fique surpreso ao perceber a preferência da criança por livros de não ficção sobre plantas e animais, depois dela ser apresentada às coisas reais, aos nomes reais, e sua curiosidade ter sido despertada.

DE 1 a 3 ANOS:
CIÊNCIAS FÍSICAS E MATEMÁTICA

*Explorar as propriedades da areia molhada e seca é interessante
para as crianças nesta comunidade na Albânia assim
como é interessante para as criança em todos os lugares.*

O Início das Ciências Físicas

*Não é suficiente para a professora se restringir a
amar e entender a criança; ela deve primeiro amar e
entender o universo.*

— **Maria Montessori**

Apesar da palavra física poder despertar um pouco
de medo em alguns de nós adultos, que deve vir das
nossas experiências escolares, de uma matéria difícil, isto
é simplesmente no que a criança pequena está
interessada. Física inclui o estudo de quente e frio, dos

169

sons, do peso, de espaço e distância, tamanho, tempo, mecânica, gravidade, eletricidade e assim por diante.

Qual criança não gosta de perceber o som que é feito quando ela derruba um objeto no chão, ou bate num tambor, ou descobrir o que acontece quando ela acende e apaga uma luz. Interesse e amor por astronomia e geologia, lama seca e molhada, e tudo sobre ciência começa cedo.

"Por que este solo molhado está ficando grudado nas minhas mãos?" (Isto é física)

As primeiras lições vêm da natureza - experiências do sol e do vento, brincando na areia, na água e na lama, vendo o sol nascer e se por, vendo as estrelas à noite, visitando a praia, e a coleção da própria criança de pedras e minerais. Primeiro nós damos à criança a experiência das pedras, areia, água, lama, oceanos, nuvens, lagos e assim por diante e depois damos os nomes. Toda esta experiência leva para uma consideração natural e senso de responsabilidade para quando elas forem mais velhas, porque criança ama as coisas que ela conhece.

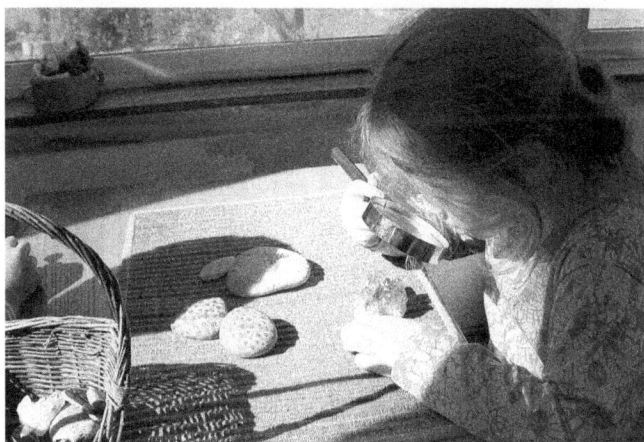

Prestando bastante atenção nas belas pedras e minerais através de uma lupa

O Início da Matemática

A base do amor pela matemática não vem de memorização, mas de experiências agradáveis em ver formas e objetos, na exploração com as mãos e em se mover através do espaço. O desenvolvimento da mente matemática, que já existe no nascimento e vai durar por toda a vida, vem de atividades simples e cotidianas - coletando, contando, selecionando, organizando as coisas, classificando, comparando tamanhos e cores, carregando objetos pesados, arrumando a mesa e descobrindo relações e padrões através destas atividades.

Nesta idade as crianças adoram carregar coisas pesadas. Isto é física. E preparar uma mesa, com a cadeira, o prato e o garfo para cada pessoa? Isto é matemática.

No passado, relações matemáticas eram milagres maravilhosos, e elas ainda são para a criança pequena que esta descobrindo elas pela primeira vez. É uma alegria para o adulto se afastar um pouco e observar a criança fazendo estas descobertas.

Recitar um, dois, três, quatro, cinco, e assim por diante, é divertido para uma criança, mas não é realmente aprender matemática.

Matemática começa com a empolgação de mover e tocar objetos reais, juntando eles em grupo, contando cada um, um de cada vez. É emocionante descobrir que estas palavras significam quantidades de objetos como botões, ervilhas, colheres, membros da família, estrelas no céu; e depois perceber que estes conceitos são usados e entendidos no mundo inteiro!

Colocar blocos geométricos nos buracos correspondentes em uma bandeja de madeira exercita a mente matemática.

Este sistema, no qual a criança está movendo objetos constantemente, com suas mãos e exercitando seus sensos ativamente, também leva em conta uma atitude especial da criança para a matemática.

Se o homem tivesse usado apenas o discurso para comunicar seus pensamentos, se a sua sabedoria tivesse sido expressada apenas em palavras, não restaria nenhum vestígio das gerações passadas. É graças à mão, a companheira da mente, que a civilização tem evoluído. A mão tem sido o órgão deste grande presente que nós herdamos.

— Maria Montessori

PARTE TRÊS, O ADULTO

DE 0 A 3 ANOS:
PREPARANDO O AMBIENTE

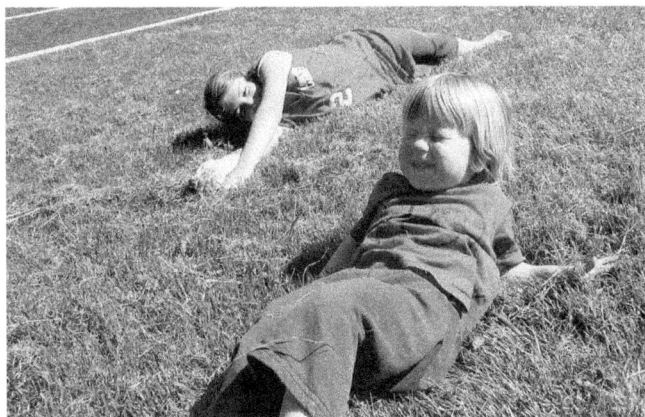

*Um morro para aprender a rolar para baixo
- isto sim é um ambiente propício!*

*Ninguém pode prever qual será o destino de
cada indivíduo. A única coisa que podemos fazer é
oferecer a cada criança a oportunidade de se
desenvolver de acordo com suas próprias
potencialidades, e de adquirir novas perspectivas que
irão facilitar esta exploração e a internalização do
mundo cultural ao redor disto. Esta é a proposta do
ambiente preparado.*

**—Mario Montessori Jr.,
Educador para o Desenvolvimento Humano**

O Que Precisamos para um Recém-Nascido?

Quando os pais estão se preparando para o primeiro filho, eles vão se sentir sobrecarregados pelas propagandas divulgando o que eles "necessitam" para esta criança. Parece que estes anúncios são voltados para vender coisas, muito mais do que oferecer o que é realmente bom para a criança. Muitos itens não são apenas super estimulantes para a criança pequena (objetos demais, cores desconfortavelmente vibrantes), mas eles atrapalham o desenvolvimento natural de importantes habilidades como linguagem (chupeta) e movimento (berços, balanço de bebê e cadeirões) e às vezes podem ser até perigosos (andadores e plásticos que liberam toxinas).

O ambiente simples, natural e gentil, que encoraja sentimentos de segurança e que encoraja a criança a se comunicar com os outros e a se mover - este é o ambiente ideal para a criança do nascimento aos três anos.

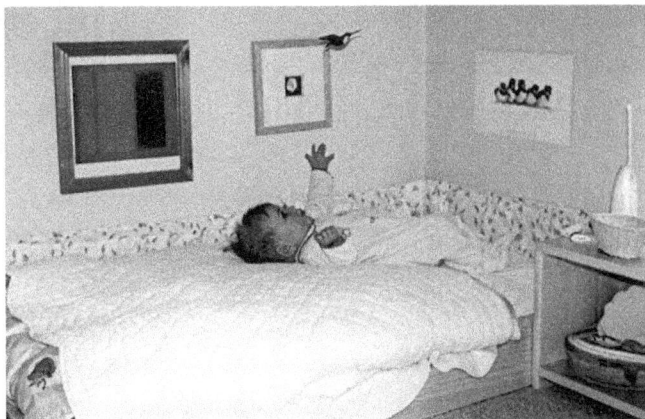

Uma cama de criança no chão

O melhor momento para preparar o ambiente é antes do nascimento. Os pais deveriam engatinhar pelo quarto da criança para ver o que a criança pode alcançar ou pelo que ela pode ser atraída. Escute os sons: você pode ouvir o vento nas árvores, ou os sons da natureza estão sendo tomados pelo som de uma TV ou rádio?

A criança, incapaz de filtrar os sons desnecessários ou perturbadores, como os adultos conseguem fazer, irá ouvir e será afetada pelos sons e luzes. É importante para o senso de ordem e segurança da criança, manter o ambiente do mesmo jeito durante o primeiro ano. Planejando e preparando o ambiente com antecedência torna isto possível.

Segurança

Uma criança vai se desenvolver mais completamente - mentalmente, emocionalmente, e

177

fisicamente - quando ela é livre para se mover em um ambiente cada vez maior. Mas para dar à criança esta liberdade maravilhosa, nós devemos explorar a casa ou o ambiente em que a criança fica com um pente fino. Quando uma criança é livre para sair da sua cama e se mover pelo seu quarto, e mais tarde para os outros cômodos - deve se prestar bastante atenção para cobrir tomadas, fios, remover plantas venenosas e químicos, e remover qualquer objeto que possa ser perigoso para a criança. Conforme a criança for aprendendo a engatinhar rapidamente e a andar, os adultos devem continuar a verificar a casa para mantê-la segura para a criança.

Um colchonete em uma área da casa onde a criança pode ficar com a família

Princípios Gerais do Ambiente

Aqui estão algumas coisas para se ter em mente quando estiver organizando o quarto de uma criança.

(1) Participação na Vida em Família: dos primeiros dias em diante convide a criança para a vida da família.

Em cada cômodo - no quarto, no banheiro, na cozinha, na sala de jantar, na sala de estar, e assim por diante, tenha um espaço para a criança brincar.

(2) Independência: A mensagem da criança para nós em qualquer idade é "Me ajude a deixar eu mesma fazer isto." Apoiar esta necessidade demonstra respeito pela criança e confiança nela. Pense com cuidado sobre as atividades da família em todas as áreas da casa, e prepare cada espaço para apoiar a independência. Um colchão de solteiro para a cama da criança, um armário pequeno, um cabideiro, ou um gancho, onde a criança se veste e troca de roupa (corredor da entrada, banheiro, quarto, etc.); uma banqueta ou banco para tirar os sapatos e as botas; prateleiras convidativas para livros, louças e brinquedos.

Este é um banheiro apropriado para a criança em uma casa em Oregon onde a mãe, uma professora para Assistentes da Infância do Método Montessori, tinha uma comunidade infantil

(3) Pertences: Isto traz um ponto muito importante. É demais para qualquer pessoa cuidar dos seus pertences ou curtí-los quando se têm muitos disponíveis de uma só vez. Ao se preparar o ambiente da casa para uma criança, tenha um lugar para guardar roupas, brinquedos e livros que não estão sendo usados. Reveze estes quando você perceber que a criança está cansada daqueles que estão disponíveis na prateleira ou na cesta de brinquedos. Tenha apenas algumas peças de roupa disponíveis para a criança escolher o que usar a cada dia, apenas alguns dos brinquedos preferidos, e apenas alguns livros novos ou favoritos.

(4) Guardando os brinquedos e O Senso de Ordem: "Disciplina" vem da mesma palavra "discípulo" e nossas crianças se tornam disciplinadas apenas por imitar a gente; assim como nós ensinamos boas maneiras como por exemplo, quando dizemos obrigado, dando o exemplo para nossas crianças ao invés de lembrá-las disso, nós podemos ensiná-las a guardar os livros e os brinquedos ao simplesmente fazer isto cuidadosamente e alegremente, por muitas e muitas vezes na presença delas.

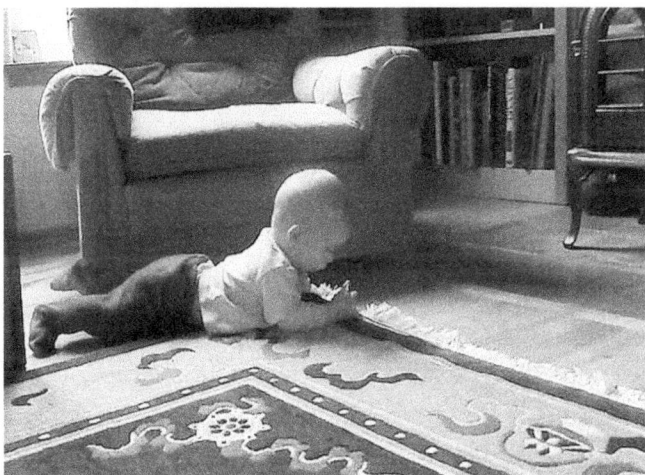

Esta criança está aprendendo a engatinhar
e já está explorando a casa inteira,
então a casa DEVE ser segura.

As pessoas ficam sempre impressionadas ao ver o quanto uma sala Montessori é organizada e bonita. Isto não acontece porque a professora está impondo a sua própria ordem na criança, mas porque ela está satisfazendo o forte senso de ordem da criança.

O Ambiente e a Mente Absorvente

Durante os primeiros três anos a criança vai absorver, como uma esponja, seja o que for que estiver no ambiente, feiúra ou beleza, comportamento grosseiro ou gentil, linguagem boa ou ruim. Como pais nós somos o primeiro modelo do que significa ser humano. Se nossas crianças estão num berçário ou em alguma comunidade infantil nós devemos esperar os mesmos padrões.

Qualidade e beleza do ambiente, dos livros e dos materiais são muito importantes em atrair, satisfazer e manter a atenção da criança. Se a criança é exposta a móbiles bonitos, pôsteres, chocalhos e brinquedos, feitos de madeira e outros produtos naturais, quando se tornar um adulto ela vai ajudar a criar um mundo com os mesmos alto pdrões. Brinquedos, chocalhos, quebra-cabeças, mesas e cadeiras - feitos de madeira - ajudam a desenvolver uma apreciação pela natureza e pela qualidade e também ajudam a proteger a criança de químicos perigosos que são encontrados em muitos materiais sintéticos. Fotos na parede, impressões de trabalhos artísticos, ou posters simples, pendurados no nível do olho da criança, podem deixar o ambiente bonito. Nosso primeiro ambiente influenciou todos nós, e nada ajuda mais a criar beleza no mundo do que oferecer beleza para os bem pequenos.

O ambiente externo é interessante para a criança no sol, no vento, na chuva e na neve!

O Ambiente Externo

Quando nós dizemos para dar o mundo à criança, isto não significa ficar dentro do prédio, mas sim, nas matas, ver o nascer e o pôr do sol maravilhosos, os ventos fortes do outono, os sons dos pássaros nas árvores, as estrelas e as nuvens, a variedade infinita de folhas e flores, o belo mundo da natureza.

Procurando girinos

Algumas vezes esquecemos que a vida diária antigamente acontecia nos ambientes externos, e as pessoas entravam em casa apenas para se abrigar das forças da natureza. Este ainda é o instinto da criança. Nos primeiros dias de vida, apenas um pouco de ar puro e uma olhada nos galhos das árvores se movendo no vento a cada dia é suficiente, logo depois uma caminhada diária no carrinho; e antes que você perceba, uma caminhada guiada pela criança, onde cada coisa nova, rachaduras na calçada, um exército de formigas, poças de água, paredes de tijolo, pragas e cardos - e muitos detalhes que nós como adultos antigamente não notávamos, vão encantar a criança e vão fazer de uma pequena caminhada, uma grande descoberta. Algumas vezes uma "caminhada para o parque" pode levar uma hora, podendo acontecer de alguém nem chegar até à calçada da frente.

Um dia uma nova professora contou a Drª Maria Montessori que simplesmente não tinha nada demais para explorar no ambiente externo da escola delas. Então Drª Montessori levou as crianças para fora, na parte da frente do prédio. Uma hora mais tarde elas nem tinham chegado no canteiro a poucos metros dali. Esta pequena caminhada estava cheia de pequenos detalhes de vida e absolutamente fascinante para as crianças. É muito bom para nós adultos diminuirmos a nossa velocidade, esquecermos nossos planos e seguirmos a criança enquanto ela faz descobertas, sente os cheiros, vê, escuta e toca o mundo externo.

Receba bem a criança para o seu trabalho nas áreas externas - para lavar o carro, trabalhar no jardim, seja o que for que você puder fazer na área externa da casa ao invés de fazer na área interna - sempre tem alguma parte pequena do trabalho real que a criança pode fazer. Tente criar uma área externa onde a criança possa não apenas fazer atividades que ela só faria fora, como por exemplo, brincar em uma caixa de areia, mas atividades que ela faria dentro de casa, como lavar as mãos ou as louças, olhar os livros ou montar um quebra-cabeças.

Nos Estados Unidos é comum que as atividades "intelectuais" sejam feitas dentro de casa e as atividades que envolvem "grandes músculos" sejam feitas fora. Então a única coisa que alguém encontra no ambiente externo é algum brinquedo de parquinho. Isto separa o trabalho da mente e do corpo e divide a vida naturalmente integrada da criança pequena. O trabalho mais importante é feito com a mente e o corpo trabalhando juntos para criar. É ideal, mas nem sempre possível, criar um fluxo livre interno-externo para a criança. Uma alternativa é um pátio ou alguma área externa protegida, mesmo que seja um espaço pequeno, onde ela possa ficar à vontade. Claro que este espaço só deve ser aberto quando o adulto estiver disponível para ver o que a criança está fazendo.

Materiais

Os móveis não precisam ser caros, podem ser tão simples ou tão elegantes quanto os outros móveis da casa. O importante é que sejam do tamanho apropriado e de qualidade para o uso da criança. Mesas de madeira maciça e banquinhos, que permitem à criança se sentar corretamente com os pés apoiados no chão, para desenhar, brincar, ou para comer um lanche durante o dia são muito importantes. Não apenas uma boa postura vai ser desenvolvida, mas também ela será capaz de se concentrar melhor e ficar focada, se estiver sentada na posição correta.

Uma banqueta baixa ou um banco é muito útil na porta de entrada ou no banheiro para remover roupas ou sapatos. Quando a criança quer se juntar à mãe ou ao pai para ajudar a preparar uma comida, no balcão, ou para pegar água da pia, um banco seguro e resistente pode ajudar. Cadeirões tradicionais com uma bandeja não são necessários, se tiver uma cadeira que possa ser trazida para a mesa da família para estarem juntos durante a refeição. Existem alguns modelos que podem ser ajustados de acordo com o crescimento da criança e logo ela pode se sentar ou sair deste banco por conta própria.

As pessoas acham difícil de acreditar, mas um dos "brinquedos" favoritos nesta idade é o seu próprio balde e a esponja!

Ganchos pendurados na altura da criança ou uma pequena barra vão permitir que ela seja mais cuidadosa com as roupas dela. Uma prateleira ou algum outro suporte para manter os livros é importante, e nas comunidades infantis, sempre tem um cantinho com uma almofada ou uma cadeira confortável para se acomodar e poder ver os livros.

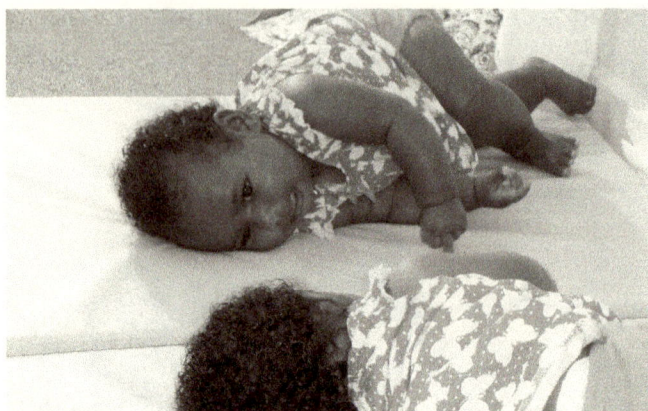

Um espelho tem muitas utilidades para os bebês e as crianças.

Um espelho é usado para o bebê e mais tarde para uma criança se olhar e verificar se sua roupa foi colocada corretamente, ou se seu rosto está limpo. Desta maneira ela não precisa depender de um adulto para avisá-la sobre estas coisas.

Ao invés de guardar brinquedos dentro de caixas enormes, é mais satisfatório para a criança mantê-los organizados em prateleiras, pendurados em ganchos, mantidos prontos para serem usados em bandejas de madeira ou em pequenas cestas. Isto também faz do ato de guardar os brinquedos mais lógico e agradável. A arte chinesa de organização, Feng Shui, ensina que acúmulo de objetos, mesmo escondidos embaixo da cama, ou empilhados em cima da prateleira de livros pode causar stress. Manter menos objetos, revezando se necessário e organizado racionalmente, vai ajudar a trazer paz.

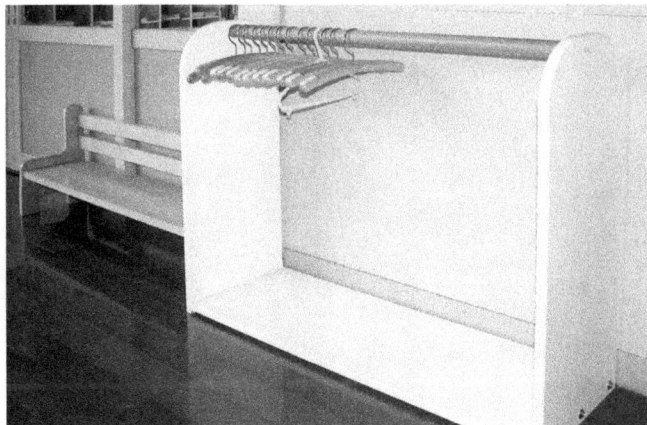

Neste centro de treinamento Montessori no Japão existe um banco para a criança se sentar para colocar ou tirar roupas e sapatos, e um lugar baixo para pendurar casacos.

Conclusão

Aprender a preparar o ambiente antes do bebê nascer liberta os pais para dedicarem seu tempo e curtirem o bebê depois do nascimento. Um ambiente bonito, organizado e sem acúmulo de objetos pode ajudar de muitas maneiras: se vestir e desvestir é simplificado; o livro e os brinquedos preferidos estão sempre ao alcance; a criança pode participar na vida da família e se sentir útil; trabalhos desafiadores que focam a atenção da criança e que suprem suas necessidades estão sempre disponíveis; uma vida mais divertida, criativa e pacífica vem de encontro a toda a família.

DE 0 A 3 ANOS:
SENDO PAIS E ENSINANDO

É preciso uma aldeia inteira
para educar uma criança.
— **Provérbio Africano**

Apesar da última sessão ser cheia de informações sobre o ambiente não humano, fica claro que o elemento mais importante do ambiente, especialmente nos três primeiros anos de vida, é o grupo de humanos, irmãos, pais, avós, parentes, amigos e vizinhos. Isto agora é mais importante do que em qualquer época na história; as famílias estão menores e os membros estão normalmente distantes de seus familiares mais próximos, algumas vezes por centenas ou milhares de quilômetros. Normalmente ambos os pais têm que trabalhar e não têm tempo o suficiente para estar com os amigos e vizinhos.

Como uma criança pequena se torna um membro da sociedade enfático e compassivo, que sabe como conviver com outros, que cuida dos outros, que contribui para o bem estar do grupo, que fala e se comunica com os outros? É ao passar o tempo na presença de bons modelos, da família e dos amigos, de pessoas boas, pessoas que se preocupam com esta criança.

Mas no mundo moderno, quando muitos de nós crescemos tendo muito pouco ou nada de contatos com os bebês, nós não sabemos como passar o tempo com eles. Nós não sabemos procurar pelos estágios fascinantes de desenvolvimento, o enorme crescimento mental, físico e emocional pelo qual a criança passa nos primeiros três anos de vida.

Há muitos anos atrás eu estava trabalhando como Assistente para a Infância. Um dia eu tinha um compromisso com uma mãe e seu bebê de duas semanas. A mãe era uma executiva e era muito eficiente ao fazer muitas coisas de uma só vez. Ela me encontrou e disse a seguinte frase: "Eu descobri que enquanto estou amamentando meu bebê eu posso falar no telefone, ouvir as notícias na TV ou no rádio, e até mesmo ler um livro!"

Dar conselhos sem ser solicitado é muito valorizado, mas esta mãe tinha me procurado para aprender sobre o seu bebê, então eu pude explicar que o relacionamento entre ela e seu bebê que estava sendo amamentado, estava sendo construído no cérebro deste bebê, assim como o padrão de todos os relacionamentos íntimos futuros. Eu perguntei a ela como se sentiria se enquanto estivesse fazendo amor, seu marido falasse ao telefone, assistisse TV, ouvisse o rádio, ou lesse um livro. (Hoje eu posso adicionar, "se ele parasse para responder uma mensagem de texto ou um e-mail, checasse as mensagens no computador, ou desse uma olhada no Facebook.")

Esta era uma mãe muito inteligente e ela entendeu meu pensamento imediatamente. Antes desta explicação ela achava que estava apenas dando leite para seu filho e que não havia nenhum problema em fazer muitas coisas de uma só vez, eficientemente. Era como se uma luz tivesse se acendido e daquele momento em diante ela quis saber tudo sobre a infância, porque ela percebeu que todo estágio é fugaz e o papel dela, junto com o papel do marido, eram muito importantes.

Assim como a mãe tem esses momentos de amamentação diários preciosos de intimidade com o bebê, o pai pode estabelecer um ritual diário de dar banho no bebê, ou cantar para ele, ou simplesmente conversar com ele (desligando o celular e o rádio, é claro). E também pode ser dito para um irmão mais velho que estabelecer um relacionamento entre irmãos também é muito importante, então o irmão ou a irmã mais velha vai se sentir importante enquanto ele ou ela, diariamente, passa um tempo cantando ou falando com o bebê, e gradualmente passa a ajudar de outras maneiras.

*Tempo passado juntos nos primeiros dias e semanas,
como por exemplo, ao amamentar ou alimentar o bebê,
constroem o padrão de relacionamentos íntimos por toda a vida.*

Espero que este livro ajude você a perceber o quanto é importante para a criança a sua presença e a presença de outras pessoas do grupo familiar ou social. Espero que ajude você a descobrir os maravilhosos estágios de desenvolvimento pelos quais ela está passando e como você pode ajudar conforme as necessidades vão mudando.

Com este relacionamento solidário estabelecido no início, será mais fácil desacelerar e acompanhar o ritmo da criança, ao deixá-la ajudar na preparação da comida, ao fazer presentes, preparar uma receita em um feriado, costurar, cuidar do jardim, fazer cartões, lavar as roupas, limpar os móveis, fazer um arranjo de flores, construir algo, limpar e assim por diante. A vida então se torna mais rica e mais amorosa. O presente mais importante que podemos dar ao nosso filho é a nossa presença e nosso tempo ininterrupto. Estes momentos vão construir memórias, mas também vão ensinar sobre empatia e compaixão.

Os pais fazem o melhor que eles podem com o conhecimento e a habilidade que eles têm em um determinado momento. Mas não importa o quanto tentamos ser pais perfeitos nós devemos aprender a não nos cobrar tanto, a não perder tempo desejando "que deveríamos apenas saber..." e aprender a rir e tentar de novo, e a compartilhar esta sabedoria com os amigos e a família.

Não importa o quanto os pais saibam, ou quanto tempo eles se dediquem, eles não estão sozinhos ao sentir que não é suficiente. O primeiro ano da vida de uma criança não é o momento mais fácil para começar a aprender o que é se tornar um pai ou uma mãe, e muitos de nós estamos mal preparados pelo cinema, TV, conselhos de amigos bem intencionados, porém inexperientes, e falta de contato com famílias de verdade. Nós não devemos cobrar muito de nós mesmos enquanto tentamos equilibrar nossas vidas tão ocupadas.

Pais que observam cuidadosamente, que escutam, e enquanto o fazem, se colocam no lugar da criança, vão perceber que cada criança é única, atenciosa e um indivíduo criativo mesmo antes de completar um ano de idade. Isto é realmente umas das descobertas mais felizes de uma mãe ou um pai.

Você pode dar a eles seu amor mas não os seus pensamentos. Porque eles têm os seus próprios pensamentos.

— **Kahlil Gibran**

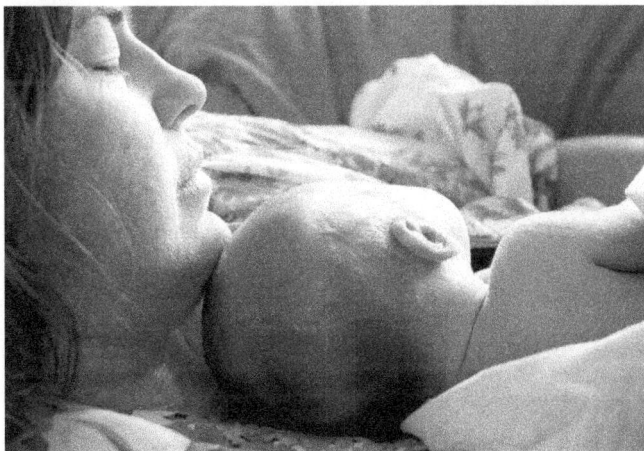

Um Nascimento Tranquilo

Um nascimento tranquilo é claramente a primeira consideração e apesar de não ser possível prever o que vai acontecer no último minuto, é importante considerar os efeitos do nascimento tanto para o bebê quanto para a mãe. Nos primeiros dias do programa de Assistentes para a Infância na Itália, os bebês eram "flagrados" no momento do nascimento em um enorme pedaço de seda, sem levar em consideração a sensibilidade da pele do recém-nascido. Atualmente é reconhecido por muitos que o melhor lugar pela primeira vez é o contato de pele com a mãe. Na verdade, frequentemente quando o recém-nascido é colocado em cima do corpo da mãe logo após o nascimento, ele vai encontrar seu caminho, como num passe de mágica, em direção ao peito da mãe, assim como o canguru bebê colocado no bolso da mãe!

Aulas de preparação para o nascimento focam em técnicas de relaxamento usadas para a mãe relaxar seus músculos durante as contrações; e ser apoiada pelo pai ou ajudante durante o processo de nascimento pode ajudar e muito a criar uma experiência de nascimento poderosa.

Muitos anos atrás eu visitei o Hospital Cristo Re, em Roma, na Itália para observar o nascimento de crianças cujas mães tinham sido treinadas durante a gestação para este tipo de relaxamento. Esta técnica é conhecida como Treinamento Autógeno Respiratório. Havia duas mães nos estágios finais do processo de nascimento e para ambas era o primeiro filho. As duas estavam descansando tranquilamente e praticando os exercícios de respiração durante as contrações. Quando uma delas estava com 10 centímetros de dilatação (pronta!) ela disse que estava começando a sentir um pouco de dor pela primeira vez e queria saber se isto era normal. Este foi o máximo que ela foi capaz de relaxar. A outra mãe teve uma experiência parecida. Eu já tinha dado à luz meus três filhos e não conseguia parar de desejar que eu tivesse tido esta experiência durante o nascimento deles. Tenho certeza que esta é uma experiência muito mais tranquila para o bebê, para a mãe e também para o pai e quem mais estiver presente durante estes nascimentos.

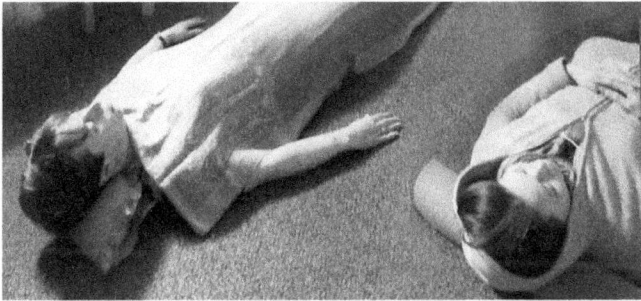

Estudantes aprendendo a técnica de relaxamento para o nascimento, durante um treinamento para professores de Assistentes para a Infância.

Um dos resultados mais importantes do aprendizado de um tipo de meditação ou técnica de relaxamento para se preparar para ter um filho - e praticar isto diariamente durante a gravidez - é que oferece a alguém uma forma de se refrescar, recarregar e relaxar; isto será uma grande ajuda durante todos os anos como pais.

União Tranquila da Família na Vida Diária

Pesquisas têm mostrado que a extensão e a qualidade do cuidado que a mãe oferece à criança é extremamente condicionado pela maneira que elas passaram o tempo juntas nos primeiros dias após o nascimento.

— Silvana Montanaro

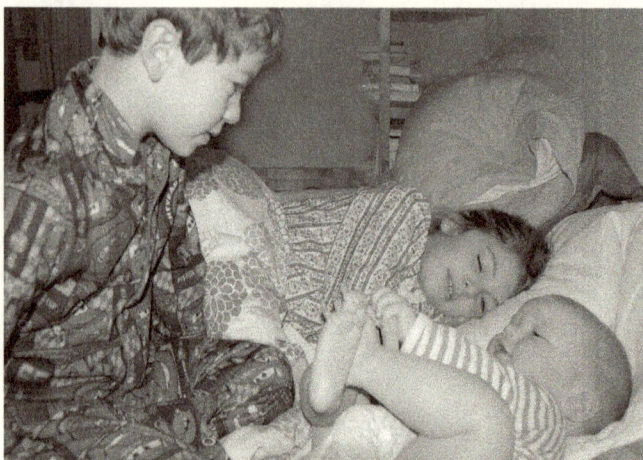

*Este bebê está conhecendo os primos,
cujas vozes ele tem escutado por meses antes de nascer.*

Durante os primeiros dias, semanas e meses de vida, o mundo da criança é a sua família. Quando um casal está se preparando para ter o primeiro filho eles estão a caminho de desempenhar o mais importante papel de suas vidas. É estranho que muito mais tempo e energia seja gasto para se preparar para uma carreira, construir uma casa, ou outras tentativas adultas, ao invés de se preparar para ser uma mãe ou um pai - apesar disto ser muito mais desafiador, importante e um papel muito mais duradouro. É melhor aprender o que significa ser uma boa mãe e um bom pai bem antes da criança nascer.

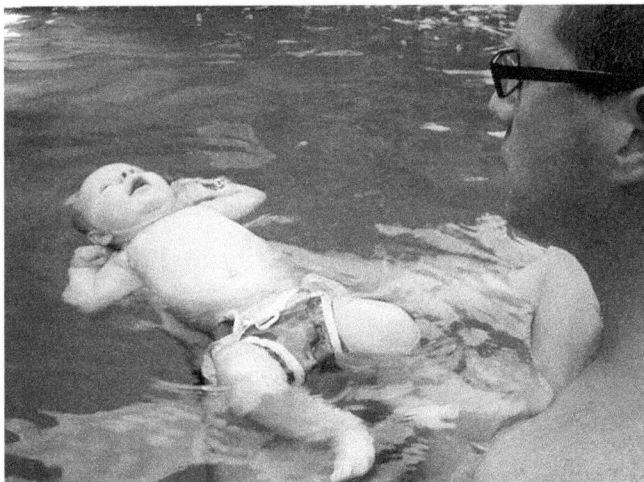

Nadar é uma das maneiras deste pai e o filho passarem o tempo juntos, regularmente.

Minha primeira resposta depois de ouvir estas idéias do Método Montessori de 0 a 3 anos foi naturalmente defender como eu tinha educado meus filhos, afinal de contas, eu disse para mim mesma, "Eles se desenvolveram corretamente."

Porém, depois de ver os resultados maravilhosos ao usar estas idéias em muitos lares, eu vi que existe um jeito ainda melhor de começar a vida - e assim como muitos outros eu me sinto honrada de passar esta informação para outras pessoas.

Os primeiros momentos de vida, os primeiros minutos e horas, os primeiros dias e semanas, são os mais impressionantes para o bebê e os pais. Este é o momento em que os instintos de paternidade estão sendo despertados e a união de dois espíritos começam, para sempre. É o momento em que o bebê desenvolve sentimentos de confiança naqueles ao redor dele, e um sentimento de que nosso mundo é um lugar feliz para estar.

O elemento mais importante no ambiente de uma criança é a sabedoria amorosa de um adulto. Nada material pode substituir o tempo e a atenção dispensados durante estes primeiros meses e anos. Mas dizer, "Apenas siga seu instinto" não é suficiente, porque nós no mundo moderno fomos removidos de muitas maneiras de estar em contato com nossos instintos; mas eles podem ser despertados através de estudo e pesquisa aliados à observação cuidadosa dos pequenos. Tocar, abraçar, ter contato de pele, gargalhar e cantar- são os mais importantes, mesmo nos primeiros dias de vida. Desta maneira que o recém-nascido e sua família desenvolvem o amor e a confiança, a amizade e a alegria, como um grupo, e aprendem a se conhecer.

Nós devemos lembrar, entretanto, que a natureza deu ao bebê um guia interno que oferece a sabedoria para quando é hora de dormir, de acordar, de comer e de se mover. Durante os meses antes do nascimento esta sabedoria é desenvolvida de uma forma bem sucedida e agora depende dos adultos ajudarem a criança a se manter em contato com suas próprias necessidades de dormir, comer, se exercitar e assim por diante. Muitos problemas em potencial podem ser prevenidos quando a família é cuidadosa para observar as necessidades do bebê e não interrompe este processo de desenvolvimento ao tentar encaixá-lo muito cedo na nossa rotina de adultos.

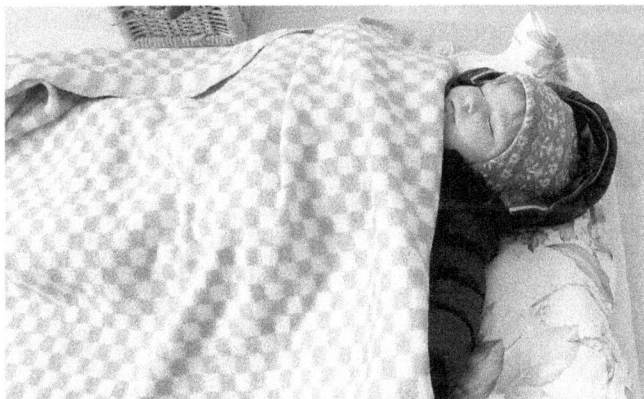

Esta criança em uma comunidade infantil na Rússia dormiu a caminho de casa, voltando do parque, mas é possível esperar até que ela acorde para tirar as roupas de brincar fora.

Um enorme trabalho mental acontece durante o sono e os sonhos. Todas as experiências diárias devem ser integradas e todos os "programas" pessoais devem ser revistos, baseados nas novas informações recebidas durante o dia.
— Silvana Montanaro

Aqui temos alguns exemplos para apoiar a sabedoria interna da criança e desta forma, atender as suas necessidades:

(1) Tente não interromper o sono ou acordar uma criança que esteja dormindo.

(2) Providencie um cantinho, um colchonete ou uma almofada em cada cômodo ou área da casa onde a família passa o tempo, para a criança ir dormir naturalmente, acordar, praticar alguns movimentos e observar a vida.

(3) Alimente o bebê, se possível, quando ele estiver com fome, esvaziando totalmente um peito e esperando até que a criança solte o peito, sem nunca interromper ou parar a refeição.

(4) Dê à mãe e ao bebê um tempo exclusivo para estarem juntos durante a amamentação, sempre que possível, sem serem interrompidos pelo telefone, TV, leitura ou falando com outros. O relacionamento durante a alimentação será o modelo para todos os relacionamentos íntimos durante a vida. O bebê não está apenas se alimentando, mas aprendendo sobre o amor.

(5) Observe, escute, assista e contemple. Aprenda o que cada som, expressão facial, movimento corporal está tentando expressar. Diferente da opinião popular o bebê não "come e dorme" simplesmente. Você vai descobrir que o seu bebê está te contando muitas coisas.

(6) Evite "amamentar para confortar" e também chupetas que enfatizam gratificações orais. Ao invés disto, conforte através de conversa, do toque, abraço, canto, brincando juntos. Imagine como você iria se sentir, como iria se parecer se todas as necessidades e desejos fossem resolvidos através da comida! E evite o máximo que puder, amamentar regularmente para fazer o bebê

dormir; isto pode causar dificuldade para o bebê aprender a dormir por conta própria.

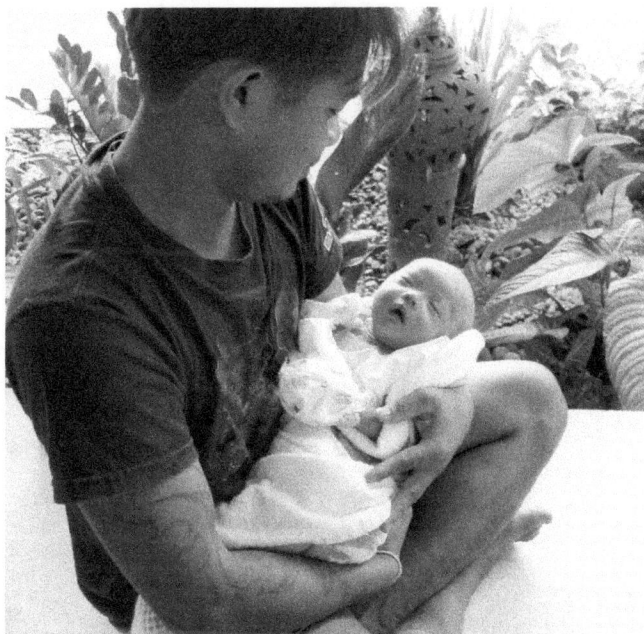

Este pai novo na Tailândia fica fascinado ao observar sua filha bebê, mesmo quando ela está dormindo.

Descobrir as necessidades físicas, mentais e emocionais do recém-nascido, e como supri-las é o maior presente que podemos oferecer. Testemunhar o guia interno e a sabedoria de nossos filhos e então acompanhar a criança, nos ensina sobre nós mesmos e sobre a vida e este é o presente deles para nós.

Roupas e Materiais

Um dos materiais mais encantadores e importantes que vem direto da Itália, através do programa de Assistentes para a Infância, é o *topponcino*.

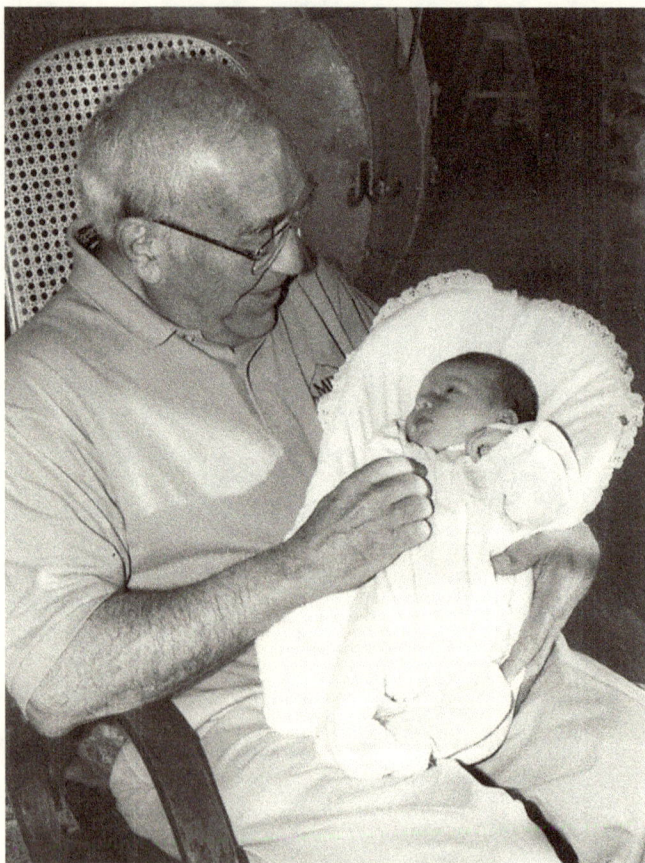

Um avô relaxado enquanto segura seu neto, por causa do "topponcino."

Topponcino significa travesseiro pequeno em iItaliano, mas na verdade é um colchonete, que mede aproximadamente 68 cm de comprimento e 38 cm de largura, forrado de algodão orgânico e coberto com o mais fino e macio tecido de algodão disponível.

Ser segurado em um topponcino pela primeira vez, após o nascimento e continuamente pelas primeiras semanas de vida, dá ao bebê um importante sentimento de segurança e conforto ao ser pego, colocado de volta em algum lugar ou enquanto vai para o colo de outra pessoa. Ele tem o conforto do cheiro familiar do seu topponcino, não importa quem esteja segurando ele ou onde ele esteja, e seus braços e pernas são segurados confortavelmente próximos do corpo, ao invés de ficarem se movendo pelo ar. É bom ter pelo menos um topponcino e duas fronhas, assim tem sempre uma limpa. Uma fina camada de borracha é colocada embaixo da fronha para manter o topponcino seco.

Assim como o mais puro algodão é usado para o topponcino, é bom usar este tecido também para o lençol, outros colchonetes, roupas e tudo o mais que toque a pele sensível do recém-nascido.

Se a criança apresentar qualquer sinal de medo enquanto é vestida é importante diminuir a velocidade e acalmá-la, falar com ela em um tom de voz bem suave, sobre o que você está fazendo, ao invés de apressá-la. Esta é a maneira que a criança vai acreditar que vestir e trocar de roupa são experiências seguras e divertidas.

Alguns bebês exploram seus rostos com suas mãos, mesmo antes do nascimento e certamente logo após o nascimento. É muito melhor manter as unhas das mãos e dos pés curtas, permitindo que eles continuem esta exploração, ao invés de cobrir as mãos e os pés.

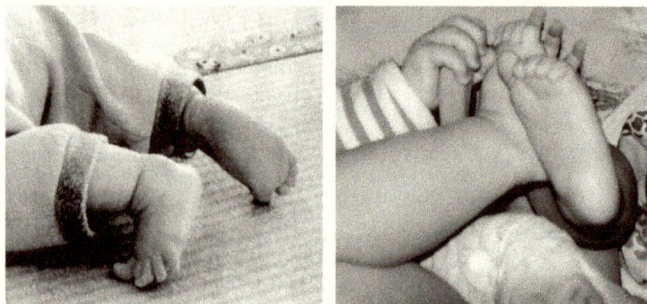

*Os pés, assim como as mãos, deveriam ser deixados descobertos,
se possível, para o bebê poder explorar
e para ajudar a aprender a engatinhar*

Ter as mãos e os pés descobertos permitem à criança explorar os objetos familiares e os favoritos. Também é importante manter as mãos e os pés descobertos quando o bebê está aprendendo a se virar, engatinhar, se arrastar, se levantar e andar.

Desenvolvendo Confiança no Mundo

Algumas pessoas costumavam achar que os bebês não eram conscientes ou que eles não tinham memória do início de suas vidas. Agora sabemos que as lembranças mais fortes, profundas e duradouras são formadas nesta época. É senso comum atualmente que durante os primeiros meses o bebê desenvolve suas atitudes básicas em relação ao mundo. Como podemos ajudar a criança a desenvolver confiança desde o nascimento?

Segurar seu irmão pequeno neste topponcino ajuda a fazer com que o tempo diário deles juntos seja seguro e relaxante

Durante os últimos meses no útero, o bebê se acostumou com as vozes de seu núcleo familiar e também aos sons do batimento cardíaco de sua mãe. Após o nascimento ele deveria conhecer estas pessoas, nas primeiras semanas. Amigos e familiares compreensivos vão ficar felizes em apoiar estes primeiros momentos em família, quando eles entendem a importância disto. Nas primeiras semanas após o nascimento o bebê é tranquilizado ao ouvir aquelas vozes que ele estava acostumado durante a gravidez e, enquanto é amamentado ele vai ser tranquilizado ao ouvir os batimentos cardíacos de sua mãe. Agora ele vai ficar mais consciente das vozes familiares ao ouví-las fora do útero e também do cheiro de seus pais e irmãos. Estas experiências trazem segurança para a criança.

Com este tempo bem aproveitado, os membros da família podem aprender a ouvir os sons que o bebê faz, observar silenciosamente, observar as expressões faciais e os movimentos corporais, para ver o que a criança está tentando comunicar. Um conhecimento tão íntimo dá à criança a mensagem que ela é querida e que o mundo é um lugar seguro.

Outra forma de demonstrar segurança de que o mundo é um bom lugar, é oferecer roupas confortáveis, luzes e sons suaves, nos primeiros dias, enquanto o bebê está se acostumando com o mundo fora do útero. O topponcino oferece isto, assim como também os tecidos macios, nem tão largos ou tão apertados. Veja se os fechos não estão apertando o corpo do bebê. Algumas pessoas se esforçam tanto nos cuidados, colocando até as roupas no avesso, desta maneira a costura não faz nenhum vinco na pele sensível do bebê. Com estes detalhes além de tocá-lo gentilmente, o bebê recebe um sentimento extra de segurança.

É um triste fato, que por motivos de falta de entendimento da importância do início da vida, pessoas que cuidam de crianças, em muitos países, não são valorizadas em nossa cultura como elas deveriam ser. Elas recebem baixos salários e são subestimadas. Como resultado, a profissão de cuidar de bebês normalmente tem uma alta taxa de rotatividade. Os bebês nestas situações se apegam, são separados, se sentem rejeitados e se apegam novamente... Muitas e muitas vezes. Pense sobre o que o bebê aprende sobre confiança e segurança nesta situação. O ideal é que os pais façam planos, o mais rápido possível, sobre quem irá cuidar dos filhos deles, durante o processo de planejamento da família. Quanto mais pensarmos, planejarmos e dispensarmos tempo e energia nos cuidados de nossos filhos, nos primeiros dias, semanas e meses, melhor vai ser a base física e emocional que nós estaremos ajudando nossos filhos a construir.

Cantando com o Vovô

Com a ajuda amorosa e compreensiva dos adultos e de crianças mais velhas, e em um ambiente que supre as necessidades dela, a criança vai aprender que ela é capaz e forte, que suas escolhas são inteligentes, e que na verdade ela é uma boa pessoa. Ela vai desenvolver uma confiança básica no mundo de que pode superar momentos difíceis, durante toda a sua vida. E ela vai ensinar isto aos filhos dela.

Geograficamente distante da família e da sabedoria dos mais velhos, isolados dos vizinhos, atormentados pelos anúncios glamorosos, por produtos "necessários", muitos casais precisam de ajuda para voltar à paternidade saudável e sólida. Muitos passos foram dados para preparar os pais para um nascimento mais natural, e também ao alertá-los sobre a importância da amamentação, mas os pais precisam de muito mais informação sobre as primeiras horas, dias, meses e anos de vida de uma criança. Hoje em dia é senso comum que os primeiros três anos têm a maior influência na vida inteira de uma pessoa, não apenas fisicamente, mas também emocionalmente e psicologicamente.

Muitos pais trabalham e precisam achar um berçário mesmo nos primeiros meses de vida de uma criança. Avós, outros parentes, amigos ou cuidadores profissionais têm um importante papel a desempenhar. Minha esperança é que algum dia estas pessoas sejam valorizadas pela importância crucial que elas têm em moldar a mente e o corpo destas crianças. Espero que as idéias neste livro sejam úteis fora de casa, para as crianças, os pais e os cuidadores.

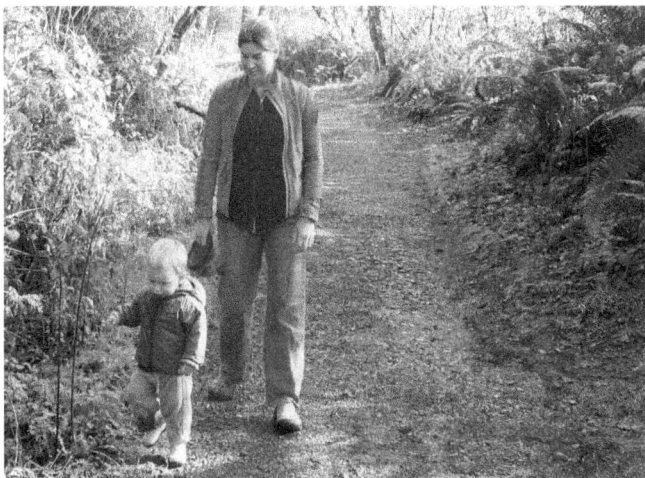

*Uma caminhada respeitando a velocidade da criança
e seguindo os interesses dela.*

Um Começo Tranquilo e o Papel do Pai

Drª Maria Montessori escreveu no livro recém publicado "The 1946 London Lectures":

> *Um dia eu vi um jovem pai Japonês levando seu filho para uma caminhada. Os japoneses têm um verdadeiro entendimento sobre as crianças pequenas. Eles levam seus filhos em todos os lugares com eles. Esta era uma criança de aproximadamente dois anos que andava bem devagar, e o pai andava devagar também. Em um determinado momento a criança parou e segurou em uma das pernas de seu pai. O pai ficou parado, imóvel, com os seus pés afastados. A criança ficou dando voltas ao redor da perna do pai; a criança estava séria e o pai também. Quando a criança se cansou, o pai aproximou os pés e eles*

continuaram a caminhada. Depois de um tempo a criança sentou-se na beira de uma sarjeta e o pai esperou pacientemente por ela. Quando a criança se levantou e andou o pai também andou. Este pai não tinha nenhum conhecimento de psicologia, ele estava levando seu filho para uma caminhada e para ele este era o jeito natural de fazer isto.

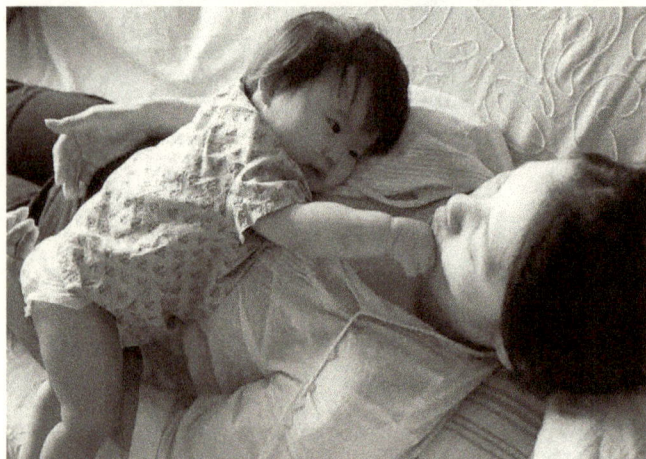

"Como foi o seu dia papai?"

Nós no mundo moderno, entretanto, costumamos nos apressar para chegar a algum lugar, como em um parque, em uma piscina ou em um parquinho, para a criança poder brincar, quando na verdade o que ela mais precisa é do nosso tempo e paciência para permitir a ela explorar o mundo na sua própria velocidade e na direção de sua própria curiosidade.

Segurança física e uma dieta saudável são essenciais para criar crianças saudáveis. Mas tão importante quanto isto é a criação do ambiente, que vai trazer calma e tranquilidade, amor e segurança que vai possibilitar o desenvolvimento físico, mental, emocional e social, uma auto-imagem positiva e alegria.

Uma criança precisa de mais de um cuidador em sua vida. Durante a gravidez o pai ou a avó, ou seja quem for que esteja no lugar do pai, pode estar junto com a mãe nas aulas de preparação para o nascimento e durante o nascimento.

Então, assim como a mãe tem um momento amoroso particular, diariamente, por causa da amamentação, o pai ou o segundo adulto, no grupo familiar, também pode organizar um momento especial para estar com o bebê a cada dia, para que ele possa desenvolver um forte relacionamento, programando um momento diário para falar, cantar, dançar ou fazer música, participar nos cuidados físicos - seja o que for que agrade os dois. O segundo adulto, então, vai estar criando um relacionamento de amor e confiança.

O pai também é a melhor pessoa para passar o tempo com os irmãos mais velhos, assim, eles também vão lembrar destes momentos, a chegada do bebê, com lembranças positivas, de momentos privados com o pai. Ele também pode ser a pessoa (se isto não foi combinado antes) para explicar às pessoas que querem fazer uma visita, que é importante nas primeiras semanas que a relação do bebê com o núcleo familiar seja estabelecida. Muitas famílias que compreendem isto vão combinar com amigos próximos para trazer refeições durante este período ou a ajudar em algum outro favor, ou levar os irmãos mais velhos para algum passeio interessante. Desta maneira eles podem contribuir e serem os primeiros amigos a serem apresentados para o novo membro da família, no momento certo.

"Segura nos braços da minha irmã mais velha."

Para ajudar os adultos enquanto eles vão conhecendo o seu novo filho, e enquanto eles descobrem os seus talentos individuais, necessidades e padrões de desenvolvimento do bebê, nós recomendamos que o bebê passe as duas primeiras semanas somente com a família antes de conhecer outras pessoas da comunidade. Quanto mais tempo e amor for dispensado enquanto estão se conhecendo no começo da vida, mais feliz e natural vai ser a separação gradual dos adultos enquanto a criança vai crescendo com segurança e independência. Como sabemos, existem muitas famílias diferentes ao redor do mundo. O importante não é com quem a criança vive, mas que a criança viva com alguém com quem possa contar durante toda a sua vida.

Enquanto os pais passam a conhecer seus filhos em um nível mais profundo, eles também passam a se conhecer de uma nova maneira. Para se tornar um ótimo pai é preciso equilibrar a vida pessoal, relacionamentos familiares, amizades e trabalho. Enquanto aprendemos o melhor sobre nós mesmos, nós aprendemos caminhos para despertar o melhor em nossos filhos.

Um Senso de Ordem

Nos primeiros três anos de vida as crianças têm um sentimento muito forte de ordem - de espaço e tempo. Um bebê pode ficar muito bravo com coisas que para nós passariam despercebidas; por exemplo: o bebê que chorou porque o guarda-chuva, que ele tinha visto muitas vezes fechado, estava aberto pela primeira vez. Uma vez eu ouvi um exemplo no qual a criança estava brava por uma mudança de ordem temporal (rotina diária) ao ter que tomar banho depois de uma refeição, quando ela estava acostumada a tomar banho antes da refeição.

*Neste corredor tem uma cadeira baixa para tirar e colocar sapatos
e ganchos baixos para pendurar casacos.*

A criança pequena está constantemente tentando entender o mundo real, criar ordem, e de se criar em relação a isto. Quando a criança entende onde cada coisa pertence e como o dia acontece, ela desenvolve um sentimento de segurança.

É claro que isto não significa que uma casa precisa estar absolutamente limpa e organizada! Isto se torna uma prioridade menor quando os pais estão pensando sobre coisas mais importantes, porque existe um novo bebê! Mas significa, sim, que uma rotina, não restrita, mas gradualmente estabelecida, pode ajudar a todos.

Não seja muito apressado no começo para moldar os horários de comer e dormir da criança, com os horários da família. Uma criança tem seu próprio ritmo natural, ou conhecimento de quando dormir e acordar, quando comer, o que comer e o quanto. Se os pais podem reservar um tempo, no começo, para observar a criança, para aprender e respeitar o guia interno - por exemplo: evitando acordar uma criança que esteja dormindo, ou evitar criar hábitos para fazer uma criança dormir no horário específico que a família dorme. A vida, gradualmente, vai estabelecer uma rotina que funciona para todos, mais rapidamente.

Quanto ao horário de comer, é tão importante permitir o bebê mamar até que ele queira parar e esvaziar completamente um peito antes de ir para o outro (existem razões nutricionais para isto), ao invés de forçar um horário para alimentá-lo. Nos primeiros dias, enquanto o corpo da mãe e a produção de leite estão se adaptando para as necessidades da criança, os horários de amamentação vão ser normalmente bem próximos uns dos outros, mas naturalmente, gradualmente, vão se adaptar para 2 a 3 horas entre as alimentações, e então até por períodos mais longos.

A mãe vai aprender o que as vocalizações da criança significam: "Estou molhado, estou entediado, cadê você? Eu quero ouvir minha voz, etc." e não assumir que todas as vezes ela está querendo comida! Acompanhar a criança é a melhor maneira de montar uma programação de alimentação razoável, o que também pode ajudar a criar uma rotina de sono saudável.

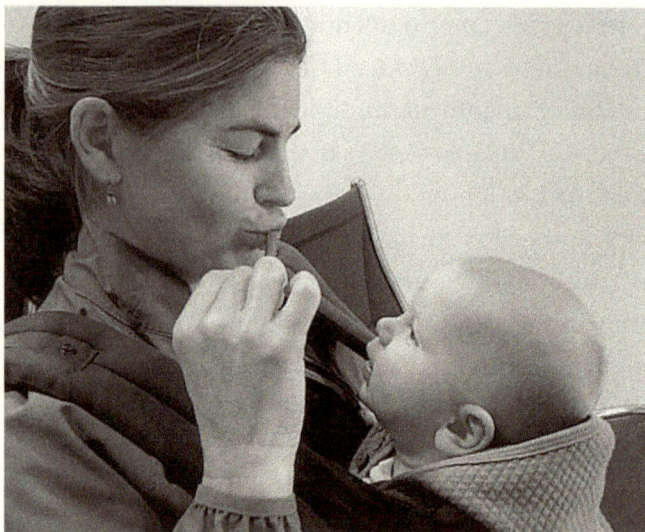

"Hummm, estou vendo como você morde esta cenoura. Eu vou fazer isto algum dia."

A Mudança de Ambiente

A criança se desenvolve quando ela tem o conhecimento seguro de que o ambiente, os objetos e os horários vão permanecer os mesmos. Mas ao mesmo tempo, enquanto a criança cresce e muda, o ambiente deve mudar, gradualmente e sutilmente, para refletir suas mudanças de necessidades. Uma criança cresce constantemente em independência e responsabilidade, e os adultos devem manter um equilíbrio entre oferecer para ajudar e se conter quando a criança puder fazer algo por conta própria.

Maria Montessori disse:

Toda ajuda desnecessária é um empecilho
para o desenvolvimento da criança.

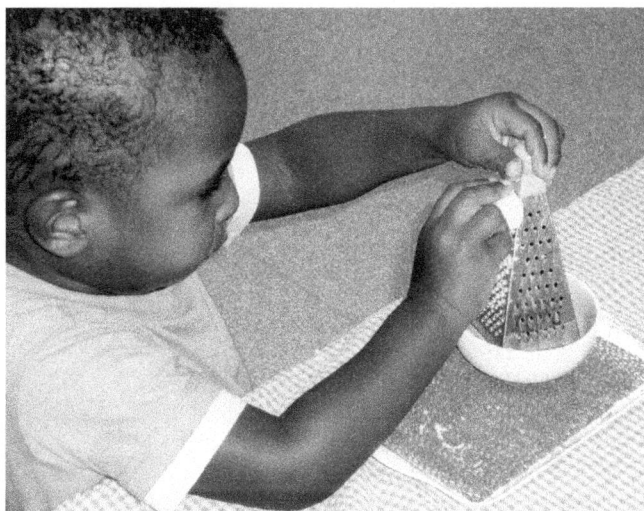

Ralando o queijo para ajudar no preparo da refeição

Os pais que aprendem a observar seus filhos serão capazes de dizer se um brinquedo ou o trabalho ainda é apropriado, ou se os móveis ainda estão no tamanho certo para seu filho em fase de crescimento. Eles vão reconhecer quando a criança está pronta para tirar sua própria roupa, cortar sua própria comida -- cada novo passo em direção à participação na vida em família.

As Necessidades da Criança

A seguir uma lista das necessidades da criança; esta lista é enfatizada em cada curso para o treinamento do Método Montessori e alguns dizem que deveria ser colocada em um lugar onde o professor possa vê-la o tempo todo. Quando as necessidades não são supridas, algumas crianças vão ter acessos de raiva, cólera, tristeza, violência excessiva ou timidez, dificuldade para se concentrar e assim por diante. Pode ser muito útil, quando a criança está nervosa ou infeliz, checar esta lista para ver se estas necessidades básicas estão sendo atendidas:

Gregarismo (estar com os outros)

Exploração (física e mental)

Ordem (ambos de tempo e espaço)

Comunicação (verbal e não verbal)

Movimento (das mão e do corpo inteiro)

Trabalho (participação no trabalho em família)

Repetição (em muitas atividades)

Concentração (ininterrupta)

Exatidão (trabalho desafiador)

Busca da perfeição / Fazer o seu melhor (trabalho)

Imitação (bons exemplos)

Independência (se vestir, comer, etc)

Auto-controle (ao invés de ser controlado pelos outros)

Nos primeiros três anos a criança está estudando atentamente, até mesmo os nossos modos à mesa, e aprendendo a ser como nós.

Dando Exemplos, Impondo Limites

e Colocando de Castigo

A criança não apenas observa seus arredores, ela se transforma neles até os três anos de idade. No primeiro ano a criança está absorvendo a linguagem, o tom de voz, as interações, a alegria e os interesses da família. Se você quer que seu filho diga "obrigado" e "por favor" você deve usar esta linguagem constantemente na presença dele, do nascimento em diante. Crianças que são espancadas aprendem a usar punição física para se expressarem e aquelas que são tratadas com compreensão e paciência vão se tornar compreensivas e pacientes.

Quando um limite deve ser estabelecido, como por exemplo, não tocar o fogão ou não correr para a rua, o pai deveria remover a criança fisicamente, gentilmente, assim ela sabe que "Não toque" ou "Não vá para a rua" realmente significa "Saia de perto do fogão" ou "Não vá para a rua". Desta maneira o pai não vai ter que repetir, a criança não vai ter a oportunidade de desobedecer, e a lição para obedecer será aprendida. Isto requer consistência absoluta por parte do adulto no começo, mas o esforço é totalmente válido.

Quando um período de "tempo sozinho" for útil para a criança porque nada mais está resolvendo, tenha certeza de tratar a criança como você gostaria de ser tratado. Por exemplo, você está numa festa com os amigos e você está exausto, cansado e com fome e você perde a paciência e faz algum comentário grosseiro para o seu marido ou sua esposa. Como você quer que ele ou ela trate você? Você preferiria: "Saia deste cômodo imediatamente!" ou talvez "Dizer que você está arrependida (o) e realmente demonstrar isto!" ou deveria ser melhor ouvir as palavras: "Posso falar com você em particular por um momento?" e então: "Algo deve estar muito errado com você para estar assim tão bravo. Vamos para casa, para você descansar?"

Quando a criança precisa ficar de castigo, ela já deveria ter visto adultos passando um tempo em particular ou um tempo sozinho, para se recuperar ou talvez para descansar ou trabalhar. Então esta experiência pode ser oferecida para a criança no mesmo espírito e não como uma punição, como o "castigo" é praticado em muitas escolas tradicionais, onde um culpado é obrigado a se sentar isolado, para se sentir assim.

Eu gostaria de compartilhar uma conversa entre a nossa filha e nossa primeira neta, quando ela tinha 4 anos:

Z: *Mamãe, eu preciso te contar uma coisa.*

N: *Ok.*

Z: *Quando eu faço algo errado e você grita comigo, bem, isto não ajuda muito. Simplesmente não ajuda. Apenas me deixa muito brava. (Pausa e ela continua) então o que eu acho que você deveria fazer é simplesmente me contar. E ser muito, muito educada.*

N: *Bem, isto deve ser verdade. Mas normalmente quando eu grito com você é porque você está se comportando muito mal e você geralmente não me escuta quando você está daquela maneira.*

Z: *. . . Bem... Bem, você poderia TENTAR ser realmente educada UMA vez e então gritar apenas se isto não funcionar.*

Materiais Educativos para Crianças de 1 a 3 anos

Períodos ininterruptos de concentração durante as brincadeiras ou trabalho que envolva movimento corporal e intenção mental em direção a um objetivo preenchem a necessidade de ordem, movimento, trabalho, repetição, perfeição, concentração, exatidão, imitação, independência e auto controle. Muito bom para apenas uma atividade! Um ambiente esparso com materiais cuidadosamente selecionados apoiam este desenvolvimento. Um ambiente cheio de coisas ou caótico pode causar stress. Materiais naturais são sempre mais seguros e mais agradáveis do que plástico.

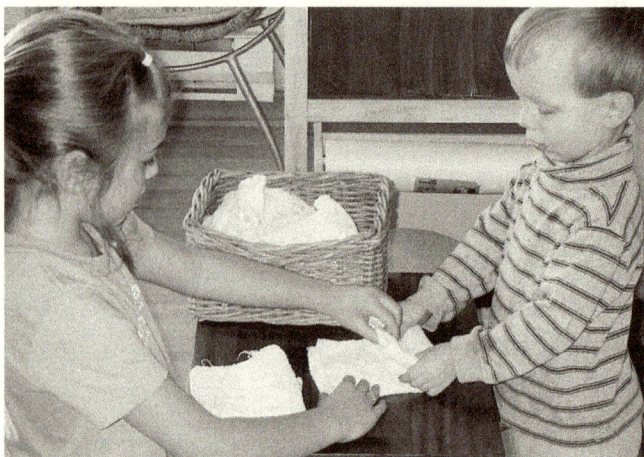

Uma lição sobre como dobrar guardanapos,
dada por uma estudante do ensino fundamental do Método Montessori,
que está ajudando em uma comunidade infantile

Os brinquedos e materiais na casa e na escola deveriam ser da melhor qualidade para convidar a criança a brincar com eles, para desenvolver autorrespeito, respeito e cuidado pelo ambiente e para encorajar a apreciação da beleza. Professoras do Método Montessori são muito cuidadosas sobre permitirem que as crianças sejam cobaias para o uso de novas invenções como andadores, balanços de bebê, alguns acessórios para carregar o bebê, chupetas, computadores e televisões. Pesquisas apoiam os benefícios desta atitude saudável para o ambiente da criança.

Para este período, mais do que qualquer outro, é imperativo oferecer cuidado ativo. Se seguirmos estas regras, ao invés da criança ser um fardo, ela vai se apresentar a nós como uma das mais consideráveis maravilhas da natureza!

Nós nos vemos confrontados por um ser não mais considerado como desamparado, como algo vazio esperando para ser preenchido pela nossa sabedoria; mas como alguém cuja dignidade aumenta na medida em que vemos nele o construtor de nossas próprias mentes; um ser guiado por seu professor interno, cujo esforço incansável na alegria e felicidade - seguindo um cronograma preciso - trabalha para construir a maior maravilha do Universo, o ser humano.

— Maria Montessori

Crianças nesta idade geralmente preferem fazer o trabalho de verdade com suas famílias ao invés de brincarem com brinquedos, mesmo que seja uma pequena parte da tarefa, que se adeque com a agenda cheia de compromissos dos seus pais.

*Esta mãe, em um mercado de rua no Butão,
está claramente levando a sério a sugestão de sua filha
ao escolher os vegetais*

O lema da criança?

*Me ajude deixando que eu mesma
faça isto por conta própria!*

APÊNDICE

COMO EU ME DESMAMEI
(O PONTO DE VISTA DA CRIANÇA)

*Eu fui da amamentação no peito direto para o copo de vidro
- sem mamadeira!*

No começo dos anos 90, empolgadas com o que estavam aprendendo com a Dra Silvana Montanaro e Judi Orion, enquanto estavam frequentando o curso de Assistentes para a Infância, em Denver, no Colorado, e desejando encontrar uma forma interessante de compartilhar este tópico importante, Susan Stephenson e sua amiga Natia Meehan decidiram apresentar estas idéias através da perspectiva de uma criança. A seguir estão as prováveis palavras de Clare Meehan, a primeira filha de Natia, enquanto ela era amamentada e que se desmamou no primeiro ano de vida. As informações suplementares são de conferências do curso de Assistentes para a Infância - para as idades de zero a três anos, e dos pais de Clare.

Nós acreditamos que esta era uma situação única. A mãe recebeu o treinamento de Assistentes para a Infância do Método Montessori. O pai aprendeu tudo o que pôde durante e depois deste curso de 14 meses que Natia participou. Esta é a primeira filha deles e a mãe pôde ficar em casa para cuidar dela por período integral. Apesar de tudo, pode ser que algumas idéias que possam ser úteis em outras situações, especialmente o entendimento de como um processo universal e natural humano, como o desmame, possa ser apoiado por idéias do Método Montessori.

Existe um receio natural de "desmamar uma criança" muito cedo ou muito tarde para o desenvolvimento saudável dela. Numa situação ideal a criança não é "desmamada", mas apenas recebe apoio para desenvolver habilidades nos momentos apropriados permitindo então que ela "se desmame". A descoberta destes momentos, estes períodos sensíveis, é o resultado de observações de milhares de crianças durante muitos anos, primeiro na Itália e depois no resto do mundo. Estas observações eram e são feitas por Assistentes para a Infância do Método Montessori, cuja proposta sempre é descobrir o momento adequado para oferecer uma nova experiência para a criança. Ofereça e então observe cuidadosamente, para descobrir o interesse da criança e a habilidade dela. A própria criança sempre dita os estágios de desmame, e não uma programação externa imposta por outra pessoa. Nós não estamos tentando adaptar o bebê para uma programação de adultos ou da sociedade, ou de acordo com qualquer idéia preconcebida sobre quando uma criança deveria aprender a se alimentar ou parar de mamar. Os elementos - experiências, ferramentas e habilidades - que possibilitam a criança se alimentar sozinha são introduzidos no momento adequado, mas é a criança quem decide quando deve parar de mamar.

Uma cadeira confortável é um lugar para falar e cantar
para o bebê antes dele nascer,
e mais tarde, para alimentá-lo.

Clare: *Desde o primeiro dia minha mãe dedicou sua atenção exclusiva para mim, sempre que eu estivesse mamando. Eu analisava seu rosto e ela sorria para mim enquanto eu me alimentava. Nós tínhamos uma cadeira grande e confortável no meu quarto só para estarmos juntas.*

OS PRIMEIROS DOIS MESES:

O bebê recebe satisfação emocional da amamentação quando a mãe olha nos olhos dele durante a alimentação - sem telefone, livro ou conversando com outras pessoas que pudesse distraí-la deste momento importante com o seu filho. Esta experiência social e emocional pode ajudar a oferecer uma base sólida para futuros relacionamentos na vida da criança.

Desde o começo nós ajudamos a criança a entender que o peito (comida) NÃO é a resposta para todos os problemas. Se uma criança chora ou parece estar desconfortável ou infeliz, nós escutamos e observamos para ver se ela está resolvendo isto por conta própria ou se ela realmente precisa de nossa ajuda. Às vezes, um bebê que está chorando simplesmente quer ouvir a nossa voz, ou receber um toque gentil. Nós podemos checar para ver se ele está molhado ou se está deitado em um dobra desconfortável de um tecido. Ele pode estar querendo uma pequena mudança de posição, ou menos ou mais cobertas. Ele pode estar super estimulado por sons ou luzes, ou entediado por falta destas coisas. Algumas vezes a criança está apenas pensando sobre algo que a deixa brava ou preocupada e ela está se expressando sobre isto. Nós devemos respeitar o fato de que ela é capaz de resolver alguns problemas por conta própria. Nós seguramos e acariciamos ela frequentemente, depois de ter certeza de que ela não está ocupada com alguma outra coisa, ouvindo ou observando, antes de pegarmos ela no colo.

Devemos alimentar uma criança porque ela está com fome, e segurá-la e acariciá-la porque ela quer e precisa de conforto - estas duas necessidades não deveriam ser confundidas.

Clare: *Pelos dois primeiros meses eu fui amamentada exclusivamente. Durante o terceiro mês meus pais me deram a deliciosa experiência de uma colher e um pouquinho de suco. Eles faziam isto sempre no mesmo horário, todos os dias, porque eles sabiam que eu estava esperando por este momento do dia e por esta nova experiência diária.*

O TERCEIRO MÊS:

Nós introduzimos a experiência de uma colher pequena, e uma pequena quantidade de suco de fruta orgânica, fresca, local, e da estação. A intenção não é iniciar o desmame, mas para introduzir novas experiências da colher e dos gostos quando a criança se mostra mais interessada.

Nós apenas oferecemos, nós tocamos a colher no lábio, gentilmente; nós não colocamos a colher dentro da boca da criança. Nós oferecemos esta nova experiência primeiro uma vez ao dia, depois duas vezes ao dia, quando a criança está acordada, aproximadamente uma hora antes de mamar. O pai ou a mãe podem oferecer esta primeira alimentação. Para o senso de ordem da criança, isto deve ser feito sempre no mesmo horário, a cada dia.

Segurando a criança no colo, pai e filho olhando um para o outro, nós simplesmente tocamos o lábio do bebê com uma colherzinha de suco. Se e quando o bebê abrir a boca, deixe um pouquinho de suco ir na língua dele e deixe que ele saboreie isto. Nós nunca forçamos a colher dentro da boca e respeitamos o direito dele de recusar a comida. Na primeira vez que experimentar, provavelmente o bebê vai fazer uma careta porque o suco é tão diferente do leite docinho, mas geralmente o suco não vai ser recusado no segundo ou terceiro dia.

Clare: *Quando eu tinha mais ou menos quatro meses, meus pais acrescentaram os sabores de outros alimentos, apenas um pouco de sabores, para o meu ritual de "experimentação de sucos". Alguns eram bons, outros não. Eles respeitaram minhas escolhas.*

O QUARTO E QUINTO MESES:

Além de mamar e das provas diárias de suco, uma ou duas colheres de gema de ovo amassadas (de frango caipira) podem ser oferecidas no final de uma das amamentações, provavelmente no início da tarde quando a quantidade de leite maternal é menor. Peixe fervido pode ser introduzido e alternado com o ovo.

Apenas ofereça a comida, e esteja preparada para sobras para o cachorro se o bebê não estiver interessado.

Clare: *Quando eu consegui sentar um pouco e usar minhas mãos meus pais me deram um pão especial. Eu estava muito interessada em pegar objetos e colocá-los na minha boca e este foi um agrado e tanto.*

O QUINTO E SEXTO MESES:

Pedaços de pão feitos dois ou três dias antes e que não estejam muito farelento, cortado de tal forma que a criança possa segurá-lo na mão e que caiba na boca, podem ser oferecidos (ou um pão especial que não esfarela). Isto pode ser dado logo após a mamada, com a criança numa posição confortável, mantida quase sentada, com a ajuda de almofadas. (Este jeito é melhor do que no colo da mãe, pois a criança fica com as mãos livres. Nós também podemos colocar azeite ou suco de tomate neste pão. (Lembre-se de que isto é da Itália; adapte isto para a sua cultura e seu país). Este pão dá à criança a experiência de comer por conta própria, no seu próprio ritmo, e também de engolir pedaços minúsculos de comida sólida.

Parece que no quinto ou sexto mês é o momento em que a criança começa o processo e a preparação gradual de se desmamar naturalmente, ao invés de ser desmamada por outra pessoa. Estes são os sinais que nos contam que o bebê está se preparando para se desmamar:

— Os dentes começam a aparecer.

— Uma posição de sentar começa a ser possível, no colo da mãe ou do pai enquanto ele está brincando, e algumas vezes o bebê pratica o ato de sentar por conta própria.

— A quantidade de ferro pré-natal começa a diminuir.

— Novas enzimas digestivas estão sendo produzidas.

— Muitas crianças perdem interesse em mamar neste período.

Clare: *Em algum momento durante o meu sexto mês de vida meus pais me trouxeram uma mesa e uma cadeira pequenas, lindas, para eu aprender a me alimentar por conta própria. Eu estava me sentindo frustrada porque todos ao meu redor estavam sentando em cadeiras, usando talheres e copos e eu queria fazer a mesma coisa. Eu comecei a ficar infeliz algumas vezes durante o momento das refeições por causa desta frustração. Eles prepararam a mesa com uma bela toalha* *de mesa, louças de verdade e copo. Tinha até um pequeno vaso com uma flor e uma pequena jarra, que minha mãe ou meu pai usavam para despejar em meu pequeno copo (eles chamavam copo de "uma dose"). Eu me senti muito honrada.*

A PRIMEIRA REFEIÇÃO

Idade: Em algum momento durante o quinto ou sexto mês, de acordo com a vontade da criança para decidir o momento ideal.

Hora do dia: Esta refeição vai substituir uma das amamentações regulares. Escolha um momento do dia que seja relaxante para a mãe/pai e o bebê, de manhã, à tarde ou à noite.

Posição da criança: Neste estágio a criança normalmente não é capaz de se sentar por conta própria. Exceto em casos raros, nós não acreditamos em colocar os bebês em posições que eles não conseguem se colocar por conta própria (por exemplo, andadores, balanços de bebê, etc). Isto seria um desrespeito por suas habilidades em desenvolvimento. Entretanto, este período bem curto de sentar em uma cadeira é preferível do que ser segurado no colo, pelo pai ou mãe (o método usual), porque a criança está livre para usar as mãos, braços, todo o corpo, da metade para cima, não apenas o lado esquerdo ou direito, para experimentar se alimentar por conta própria.

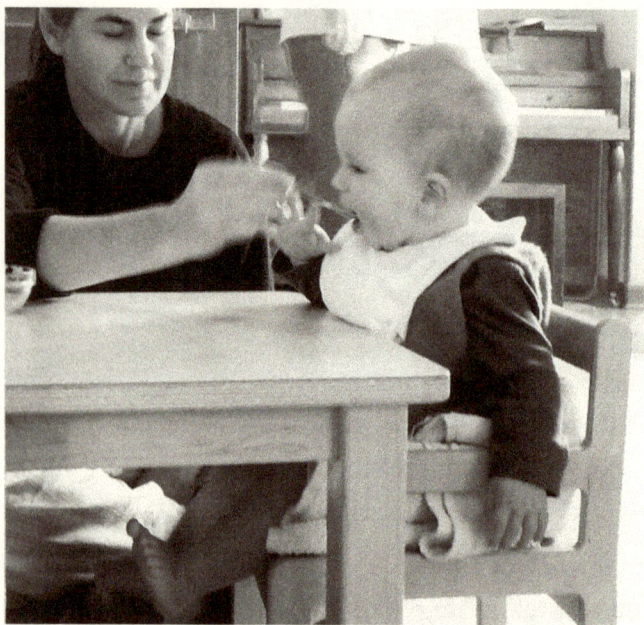

Materiais: Uma mesa e uma cadeira pequenas e firmes. Primeiro, se a criança precisar, coloque almofadas ou toalhas enroladas para evitar que ela escorregue. Deixe isto tão confortável e seguro quanto o colo dos pais. Um guardanapo e um babador de pano, para combinar com a toalha de mesa. Se o fecho do babador for de velcro, eventualmente, a criança vai aprender a colocá-lo sozinha. Isto é o ideal. Uma toalha de mesa para o tamanho da criança. Uma tigela que não seja de plástico (de metal ou cerâmica). Uma colher pequena. (Logo após este estágio você vai precisar de duas colheres pequenas, e depois dois garfos pequenos. Estes são maiores do que a colher usada para o desmame. É bom ter várias de cada em consideração ao senso de ordem da criança, desta maneira você não precisa substituir por outro modelo, caso perca algum deles). Um copo pesado (copo de dose única é bom). Uma jarra pequena. Um banco para o pai ou mãe se sentar.

Posição do Adulto: Mãe ou pai se senta olhando a criança, em um dos lados da mesa pequena - perto o suficiente por segurança, e longe o suficiente para a criança ter consciência - e se sentir orgulhosa - de sua nova habilidade. A refeição deveria ser uma experiência relaxante e agradável para ambos, o pai/mãe e a criança. Sente a criança na cadeira de desmame, na frente da mesa pequena e da toalha de mesa. O babador e o guardanapo podem ou não ser usados na primeira vez, dependendo da criança.

Independência: Ofereça pedaços minúsculos de comida, na colher, segurando-a pertinho da boca da criança, sem tocá-la. Espere a criança abrir a boca e nunca insista numa quantidade específica para ser provada. Pode ser que a criança alcance e segure a colher, junto com você (não por conta própria na primeira vez) e isto vai dar a ela a experiência de como é colocar a comida na boca. Mantenha a tigela fora do alcance na primeira vez. Isto normalmente é o suficiente para a primeira refeição, mas vai depender de cada criança.

Pontos essenciais:

(1) Apenas *ofereça* esta experiência. Se a criança não estiver nem um pouco interessada desta vez, apenas arrume tudo e espere pacientemente por alguns dias e ofereça novamente.

(2) Se ela se cansar antes de estar satisfeita, complete a alimentação com a amamentação. Em poucos dias ela será capaz de comer mais sem dificuldade. Então podemos preparar a comida mais sólida, aos poucos.

Clare: *Eu segurei a mão da minha mãe na segunda vez que eu fui comer. Eu pensei que poderia fazer isto por conta própria, mas ela continuou segurando gentilmente e me ajudou para ter certeza que a comida, e não apenas a colher, iriam chegar direitinho até a minha boca. Então ela me ofereceu um golinho de água no meu copo pequeno. Foi maravilhoso! Eu gritei por mais comida e ela me deu. Eu provavelmente comi muito mais do que eu precisava, mas minha mãe pode perceber que eu iria fazer isto então ela colocou bem pouca comida em cada colherada.*

Outros pontos:

(1) Eventualmente a criança pode segurar uma colher enquanto a mãe ou o pai seguram outra e, gradualmente, somente a criança segura uma colher.

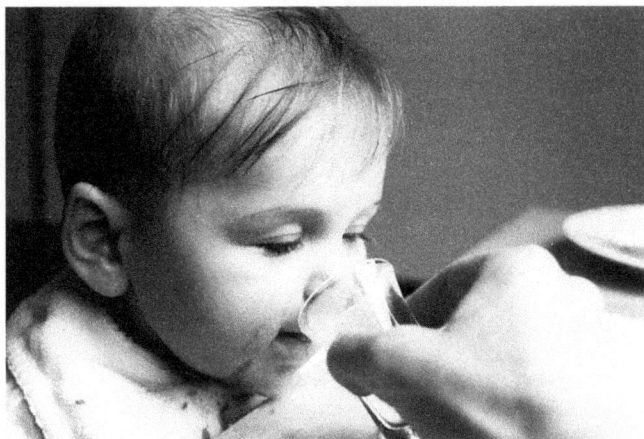

(2) Algumas vezes até mesmo na primeira refeição a criança pode começar a usar o copo. Despeje apenas um pouco de água, com uma pequena jarra e segure (com a criança ajudando, se ela quiser) para ela tomar um gole. Aos poucos ela vai aprender a usar o copo e eventualmente ela vai ser capaz de despejar o líquido da pequena jarra para o copo.

(3) Copos com tampa e garrafas ensinam o jeito errado de beber, uma experiência incorreta de como fluem os líquidos. Depois de usá-los a criança vai ter que aprender novamente a tomar algo sem derramar. Exceto em algumas circunstâncias, por exemplo, por motivos médicos, ou porque a mãe precisa voltar a trabalhar logo, a criança pode facilmente fazer a transição da amamentação para o uso de copos pequenos, no primeiro ano, sem necessidade alguma de usar mamadeiras.

Água:

Quando a criança começar a comer comidas sólidas, é muito importante oferecer água para evitar constipação. A água deveria ser oferecida durante e no final de cada refeição e deveria estar sempre disponível para a criança, de agora em diante. Quando a criança estiver andando, deveria ter uma jarra de água e um copo sempre disponível, até que ela aprenda a pegar água do filtro por conta própria.

Sugestões de comida:

Em todos os países nós adaptamos para o que a família come, talvez começando com um cereal em grão, em um caldo de legumes, talvez com proteínas e uma fruta amassada de sobremesa (numa outra tigela). Uma refeição principal típica na Itália ou nos Estados Unidos geralmente contém 1/4 de xícara de creme de arroz integral, ou semolina, cozido em 3/4 de xícara de caldo de legumes, com um pouquinho de azeite e queijo parmesão (ou um peixe pequeno, ou fígado, ou a metade de um ovo) seguido de qualquer fruta orgânica da estação.

Clare: *Eu ficava em casa durante o dia com a minha mãe, então ela preparava a minha mesa de um jeito bem bonito e se sentava num banquinho ao meu lado, todas as manhãs, enquanto eu saboreava minhas lindas refeições.*

Quando eu estava com oito meses eu podia me alimentar sozinha e tomar algum líquido, no copo. Foi durante este período que eu comecei a sentar na minha cadeira e jantar antes dos meus pais. Meu pai geralmente estava em casa para sentar comigo. Algumas vezes os dois podiam sentar comigo durante o meu jantar.

Depois eu sentava numa cadeira mais alta na mesa dos adultos, com eles, por um tempo durante algumas refeições, algumas vezes comendo pão e observava eles para ver como eles comiam diferentes comidas. Eu amava mastigar pequenos pedaços de melão. Eles falavam comigo enquanto eu comia, e me contavam como tinha sido o dia deles. Algumas vezes eu me cansava e queria descer. Então eu brincava numa colcha, no chão, perto deles, enquanto eles terminavam de comer.

O SEXTO E SÉTIMO MESES:

Neste estágio nós podemos oferecer, para substituir uma segunda amamentação, uma refeição adicional sólida. Pequenos pedaços de legumes cozidos podem ser amassados no caldo usado para a refeição. Pequenos pedaços de peixe também podem ser oferecidos.

O SÉTIMO E OITAVO MESES

Além das duas refeições sólidas, algum derivado do leite, por exemplo, um iogurte com uma fruta amassada e biscoitos podem substituir uma outra refeição. Arroz, massa, feijão, lentilha e uma variedade de frutas e vegetais - de preferência que estejam disponíveis nos arredores, que seja orgânico e da estação - podem fazer parte do menu. Neste momento a criança, provavelmente, vai estar usando o garfo também. Tenha certeza de oferecer comida que possa ser manuseada pelos talheres da criança e pães para serem segurados na mão dela.

Notas:

(1) Nunca insista em comida que a criança não quer comer. Confie nos instintos dela.

(2) Coloque apenas uma pequena quantidade, ou poucas coisas numa tigela ou num prato e dê mais assim que for necessário.

(3) O desmame marca o início de um novo estágio de desenvolvimento porque a criança não depende mais da mãe para comer e seu relacionamento com o ambiente se expande e muda. Atenção é dada à auto-imagem da criança e a atitude em relação à comida e refeições, assim como à sua nutrição, neste método de desmame.

Clare: Durante o meu décimo primeiro mês eu parei de mamar. Minha mãe nunca se recusou a me amamentar, mas eu estava recebendo muitos abraços e carinhos dos meus pais, de meus avós e de outros amigos e parentes e eu não previsava ser amamentada para receber aconchego. Comer por conta própria era tão divertido e delicioso!

DO DÉCIMO AO DÉCIMO SEGUNDO MESES:

A criança vai estar comendo praticamente de tudo o que o resto da família come durante as três refeições do dia. Ela vai estar comendo às vezes na sua própria mesa e às vezes na mesa da família. Ela vai se desmamar completamente do peito no momento certo para ela se os pais encorajarem este tipo de independência.

Comendo com a família: No início do processo de desmame, a criança deveria ter suas refeições num momento diferente do resto da família. É muito estressante gerenciar os dois ao mesmo tempo e a criança vai precisar da atenção dos pais e de ajuda por um bom tempo. Entretanto a criança deveria estar presente nas refeições dos adultos sempre que estiver interessada, com um pedaço de pão para mastigar e um prato. Ela já deveria ter comido e então se juntar à família para conversar durante a refeição e aprender sobre o processo de comerem juntos, boas maneiras, etc.

O Cadeirão:

Este não é um cadeirão tradicional que uma criança deva ser colocada e tirada pelo adulto. Nós devemos ter em mente a forte necessidade da criança de ser independente e usar um cadeirão que a criança seja capaz de se sentar e sair de lá sem a nossa ajuda, assim que ela for capaz de andar e se pendurar.

Clare: *Quando eu tinha um ano e três meses eu tinha aprendido a preparar minha própria mesa para algumas refeições e lanches. Tinha uma pequena bandeja na cozinha com uma jarra de água e um pequeno copo de vidro que eu mesmo podia colocar água a qualquer hora do dia. Eu tenho um ótimo cadeirão que eu mesma posso subir para sentar, na frente da mesa grande, onde eu tenho a maioria das refeições agora. Eu posso usar uma colher e um garfo e até mesmo me* *servir. Eu ainda derrubo comida e derramo água algumas vezes, mas eu estou ficando boa em ajudar meus pais na limpeza depois das refeições.*

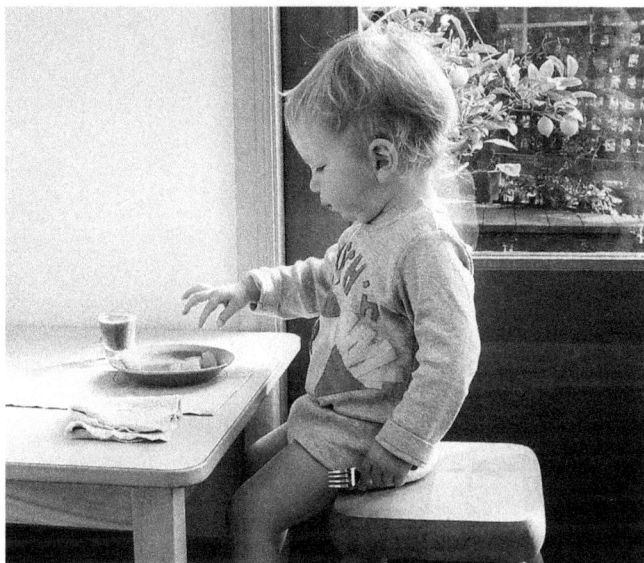

A Mesa de Trabalho e a Cadeira:

Neste momento a criança pode estar usando a cadeira de desmame e a mesa como um espaço de trabalho também. Se possível, é ideal ter uma mesa e uma cadeira apenas para comer e outra mesa e cadeira em outra parte da casa para trabalhar. Estes móveis deveriam ser de madeira natural, com um acabamento ou uma tinta suave, que possam ser lavados pela criança. Dimensões sugeridas: Altura do assento: 15 a 20 cm; Altura da mesa: 30 a 35 cm.

uma chupeta "boa" que não fica na boca

Mamadeiras e Chupetas:

Você vai perceber que a qualquer momento durante este processo de desmame, uma mamadeira ou chupeta vai ser recomendada. Nós algumas vezes esquecemos que os humanos existiram por um longo tempo sem nenhum dos dois. Existem alguns momentos em que os dois podem se tornar necessários, quando uma mãe não pode amamentar seu filho, por exemplo, ou se ela deve retornar ao trabalho antes da criança ter aprendido a comer usando a colher e tomar água no copo, por exemplo, mas estes casos são a exceção e não a regra.

Se precisar usar alguma coisa para aliviar o maxilar ou oferecer sucção, use algo que possa ser segurado pelo adulto, assim isto não se torna um acessório permanente. Ao decidir se uma chupeta é realmente necessária, pense nas implicações da criança ao receber gratificações orais, e que consequências pode se ter mais tarde na vida.

246

Também considere os possíveis efeitos do desenvolvimento da linguagem, interação social, e os dentes e o maxilar.

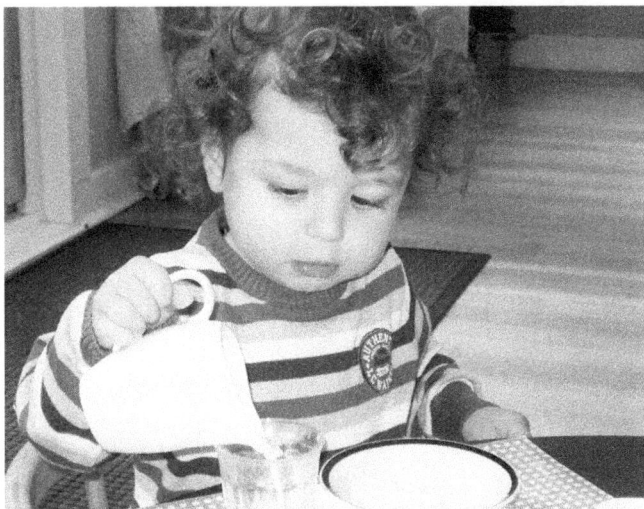

Quando me ensinam a despejar minha própria água e a servir a minha própria comida, eu posso pegar uma quantidade que é suficiente para mim.

Clare: *Eu realmente gosto de fazer as coisas que eu vejo outras pessoas à minha volta fazendo. Eu sinto que sou importante quando eu posso varrer, lavar, preparar a mesa, dobrar os guardanapos e decorar a mesa com flores para as refeições e fazer todos os outros trabalhos que eu estou aprendendo.*

Um comentário dos pais da Clare:

Por favor não cometam o erro que cometemos de "dar mamá para a Clare para ela dormir" à noite. No útero ela tinha tido um monte de práticas de acordar e dormir de acordo com suas necessidades físicas e mentais. Mas porque eu "ensinei" ela a mamar para ir dormir ela ficou dependente disto e perdeu a habilidade natural dela de dormir quando estivesse cansada.

Nós fomos muito cuidadosos para não fazer isto com o irmão mais novo dela, colocando-o para deitar quando ele já tinha terminado de mamar, antes dele dormir, sempre que podíamos. Nós percebemos que era injusto ensinar a uma criança a ser totalmente dependente de algum ritual para dormir - dando leves palmadinhas nas costas, andando, segurando no colo, ficando na nossa cama, e assim por diante. Porque quando não podíamos fazer isto, ou se estávamos cansados, ou se não iríamos estar em casa, Clare era incapaz de fazer algo simples como ir dormir sem nós. Não era justo. Como resultado o irmão dela dorme alegremente seja quando for que ele sinta esta necessidade.

Um bom vínculo é a melhor preparação para um bom desapego.

—Silvana Montanaro, Médica

UMA COMPARAÇÃO DA PRÁTICA DE ASSISTENTES PARA A INFÂNCIA DO MÉTODO MONTESSORI E AS TRADIÇÕES NO BUTÃO, DO NASCIMENTO AOS 3 ANOS

Uma versão deste artigo foi publicada na revista Infants and Toddlers, e nas versões 2012/1-2 da Communications, o Jornal da Associação Internacional Montessori Introduction

Introdução

Butão, oficialmente o Reino do Butão ou *Druk Yul* (Terra do Dragão), é um país cercado por terra, localizado no extremo leste das Montanhas do Himalaia. Faz fronteira com o norte do Tibet (China) e com o oeste, sul e leste da Índia.

Em 2006, 2008 e 2010, como convidada do governo butanense e de amigos, eu pesquisei a vida familiar e a cultura butanesa para a preparação para a educação do Método Montessori no Butão. Este artigo destaca algumas das similaridades e diferenças entre as práticas tradicionais no Butão e as práticas para o programa Montessori de Assistentes para a Infância.

Resa Lhadon, que eu visitei quando ela tinha 8 meses e novamente quando ela tinha 1 ano e 8 meses, e então com 2 anos e meio vai nos prover com alguns exemplos. Ela vive numa casa tradicional familiar de fazenda, no Paro Valley, com os pais dela, a irmã, e às vezes com os avós e outros membros da família.

O rei do Butão, Jigme Khesar Namgyel Wangchuck, assistindo as crianças da escola Montessori em Paro, dançando no aniversário dele

Por 100 anos um rei que considera a FIB, Felicidade Interna Bruta, ao invés do PIB, Produto Interno Bruto, a medida mais importante de sucesso de uma nação, tem liderado o Butão. Em todo lugar que alguém viaje neste país budista as influências são óbvias: proteção ao meio ambiente, adoração, generosidade e gentileza mútuas. Cada dia começa com uma oração para a felicidade de todos os seres. Toda a plantação é orgânica, não porque é um novo movimento popular, mas porque é contra a religião matar, até mesmo matar insetos.

No passado havia quatro reinos budistas tibetanos onde alguém podia observar uma cultura assim: Tibet, Sikkim, Ladakh e Butão. Hoje o Butão é o único que não foi dominado por outro país, o que é uma das razões porque eu estou interessada não apenas em apresentar o melhor do Método Montessori, mas em contribuir para preservar a preciosa cultura existente.

O Butão, como o Nepal, foi somente aberto ao Ocidente nos anos 60. Antes disto não havia nem estradas, dentro ou fora do país, não tinha escolas, com exceção dos monastérios e não havia sistema de postagem. Butão é da metade do tamanho de Indiana, e seguindo bons conselhos, os butanenses estão fazendo um ótimo trabalho ao proteger este minúsculo país das devastações de desenvolvimentos não planejados e do turismo que destruiu tanto o Nepal. O Método Montessori, se introduzido com sensibilidade à cultura, será muito útil no desenvolvimento do país, e talvez, todos nós poderemos aprender algo neste processo.

Nas próximas páginas você vai ver alguns tópicos relacionados com o desenvolvimento da criança nos três primeiros anos de vida. Abaixo de cada tópico vai ter um cabeçalho com informações, tanto do Método Montessori de Assistentes para a Infância, ou do Butão, ou de ambos.

As Fases Psicológicas

Assistentes para a Infância:

Uma base emocional saudável, se apoiada no primeiro ano de vida, pode amparar uma pessoa por toda a sua vida. A criança se eleva, numa forma de dizer, quando ela se apoia em duas importantes fases psicológicas.

A Primeira Fase - O Mundo como um Lugar Seguro: A primeira fase tem a ver com a visão de mundo da criança, os sentimentos dela de segurança como um membro da família e da cultura dela. É uma atitude de que o mundo é um lugar bom, um lugar seguro. A forma que damos este apoio à criança é ao cuidar dela durante a gravidez e o nascimento e nos primeiros dias e meses de vida: oferecendo a experiência de um forte laço familiar, atendendo rápida e gentilmente aos seus chamados por cuidados e alimentação, e tocando e falando com ela gentilmente.

A Segunda Fase - Autorrespeito e Amor Próprio: A segunda fase é uma atitude em relação a si mesmo: é a habilidade de amar a si mesmo do jeito que se é, sem ter que mudar ou se tornar melhor para merecer amor. Uma atitude tão saudável de auto-merecimento é apoiada ao respeitar os instintos naturais da criança de quando comer e dormir, e quanto. E esta atitude é apoiada através do respeito ao tempo individual de cada criança ao aprender a andar e falar. Significa que nós não apressamos a criança. Ao invés disto nós criamos um ambiente que oferece as ferramentas, como um colchão no chão que a criança possa ir e sair de lá por conta própria, e uma barra ou um carrinho especial que ela possa se apoiar e praticar o ato de se levantar. Esta fase é desenvolvida basicamente no primeiro ano de vida. Tenho certeza de que todos nós conhecemos adultos que estão tentando reconstruir estas atitudes de confiança e amor próprio para si mesmo. Está claro que os bebês nascem com isto. Depende de nós criarmos um ambiente que proteja isto desde o nascimento.

Resa com o pai dela

Butão

Você vai ver nas páginas seguintes que as tradições no Butão apoiam estas duas fases. Resa passa o dia com um de seus pais, ou avós, ou outros membros da família, vendo a vida acontecer ao redor dela. E ela é livre para explorar o mundo de acordo com suas habilidades de movimento em desenvolvimento.

Meses antes do parto e nascimento

Assistentes para a Infância:

O curso de Assistentes para a Infância começa com o estudo da concepção e da gravidez, para nos deixar conscientes do fato de que isto é onde a vida de uma criança começa. Um nascimento gentil é considerado ideal. Durante o curso de treinamento para professores de Assistentes para a Infância, alguns integrantes também participam do Treinamento Autógeno Respiratório. Este treinamento tem sido usado por muitos anos na Europa para ensinar uma mãe a relaxar completamente entre as contrações durante o nascimento, ajudando a criar um nascimento mais fácil e rápido, o que é melhor e mais seguro para a mãe e o bebê. Todos os estudantes no curso de Assistentes para a Infância, por exemplo, praticam esta técnica diariamente durante os dois verões. Alguns participam de mais treinamentos, aprendendo a ensinar esta habilidade para mulheres ou casais durante a gravidez. Eu observei dois nascimentos, onde estes conhecimentos foram aplicados, em Roma, durante o meu treinamento e fiquei impressionada com a tranquilidade da experiência do nascimento da criança com duas primíparas (mulheres que vivenciam o primeiro parto).

Butão

Resa foi considerada com um ano de idade quando ela nasceu. Para intenções de uma entrevista é geralmente difícil estabelecer a idade de uma criança, porque muitos nascimentos acontecem em casa e a data não é registrada. Dias de nascimento não são uma parte importante desta cultura. Durante os meses antes do nascimento uma criança já é considerada como um membro existente da família - normalmente com parentes próximos que incluem três gerações vivendo na mesma casa. Nos nascimentos em casa tradicionais no Butão, a mãe fica na seguinte posição: apoiada sobre as mãos e os joelhos, envolvida ativamente com o parto. Mas Resa nasceu em um hospital, com a mãe deitada de costas, impossibilitada de estar ativa durante o parto.

Começando com a idade de 18 anos, imitando sua própria mãe, e durante toda a gravidez, a mãe de Resa era viciada por doma ou bétel. Isto é muito comum e não é considerado um vício, apesar de ser conhecido por causar câncer de boca. Algumas pessoas mastigam bétel apenas uma vez por dia e outras mastigam muitas vezes por dia. A mãe de Resa explicou que: 'Te faz sentir aquecida, relaxada e feliz'. A mãe de Resa mastigava bétel 24 vezes por dia, 7 dias por semana. As enfermeiras repreenderam ela no hospital mas ela escondeu o bétel no bolso para poder mastigar durante o parto. Foi muito fácil de esconder, por ser esta uma cultura muito modesta; ela estava completamente vestida com a kira (saia), wongjo (blusa) e dego (jaqueta com bolsos), durante o nascimento de Resa.

Vinculo, o período simbiótico

Assistentes para a Infância:

Nós ensinamos os pais sobre segurar o recém-nascido gentilmente, sobre roupas macias, e sobre a importância da atenção detalhada em relação ao ambiente que vai ser vivenciado pelo recém-nascido. Também ensinamos a importância de limitar os visitantes para a família de um novo bebê nas primeiras duas semanas, dando ao recém-nascido uma oportunidade de conhecer os pais e irmãos, relacionando informação visual e sensorial para as vozes que ouviu durante a gravidez.

Butão

No budismo tibetano falar estridentemente, demonstrar braveza e outras expressões de emoções negativas são consideradas deficiências mentais, e esta pessoa deveria aprender a eliminar tais comportamentos. Como resultado, uma fala calma, suave e um comportamento gentil são aspectos naturais do ambiente do bebê, desde o começo. O vínculo nos primeiros dias é protegido no Butão, mantendo uma tradição antiga.

Porque as paredes das casas tradicionais são feitas de lama batida não existe fonte de água na casa, o que poderia causar a destruição destas paredes. Por causa desta falta de água na casa, padrões de limpeza são diferentes, e depois de um nascimento a casa é considerada poluída. Ninguém é permitido visitar até que uma cerimônia de limpeza aconteça ou que uma puja budista aconteça.

A casa da fazenda da família da Resa

Muitas famílias são envolvidas ativamente na agricultura e a casa de fazenda tradicional tem três andares acessados por escadas. O primeiro andar da casa da fazenda da família da Resa é ocupado pelos animais da fazenda e por um depósito para os grãos. No segundo andar fica a cozinha, o quarto, a sala de jantar e um grande cômodo para se rezar com um altar que ocupa toda uma parede, e é graciosamente decorado com máscaras talhadas em madeira, pinturas, roupas brocadas, entalhes, estátuas, lâmpadas à óleo, oferendas de flores e frutas, e incenso. O terceiro andar é parcialmente aberto e é o lugar onde ervas e pimentas são secas e a colheita fica guardada durante o inverno.

Um dos muitos monges budistas durante a benção de Resa

A puja de Resa ou bênção aconteceu quando ela estava com três dias, como segue a tradição. Três monges foram contratados e o evento aconteceu na sala de orações da família. Durante duas horas e meia, enquanto a família cuidava da lavoura e das obrigações da casa, os monges fizeram orações, acenderam incenso, tocaram um instrumento musical Budista, pequenos e grandes instrumentos de percussão e sinos. Então eles receberam almoço. Quando a celebração acabou, o resto da família, aqueles que não vivem na casa, chegaram com presentes de roupa e comida.

Como resultado, Resa teve três dias somente com a família, relacionando os rostos e os cheiros de todas estas pessoas com as vozes que ela ouvia durante a gravidez. Ela pôde conhecer sua própria família de uma nova maneira.

Sono

Assistentes para a Infância:

Têm duas coisas que aprendemos no curso do Método Montessori que ajudam a apoiar hábitos saudáveis de sono da criança. O primeiro é respeitar a própria sabedoria da criança de quando ir dormir e por quanto tempo, nunca acordando ela quando estiver dormindo.

O segundo é dar ao bebê o seu próprio lugar para dormir onde ele esteja seguro, possa explorar o ambiente visualmente (sem berço ou grades), e onde ele possa chegar e sair de acordo com sua própria vontade quando ele estiver pronto para engatinhar e explorar o quarto: ao invés do berço, ele tem um colchão no chão. No Ocidente os casais geralmente têm relações sexuais à noite, na própria cama. Se o bebê é mantido na cama dos pais todas as noites, desde o começo da vida, vai chegar um momento em que os pais vão querer retomar a vida sexual. Então o bebê será retirado do quarto. O bebê pode ficar confuso e magoado por esta aparente rejeição. Entretanto, se ele já estiver acostumado a dormir na sua própria cama pelo menos um pouco a cada dia ou noite, desde o nascimento, a mudança será mais natural, menos traumática.

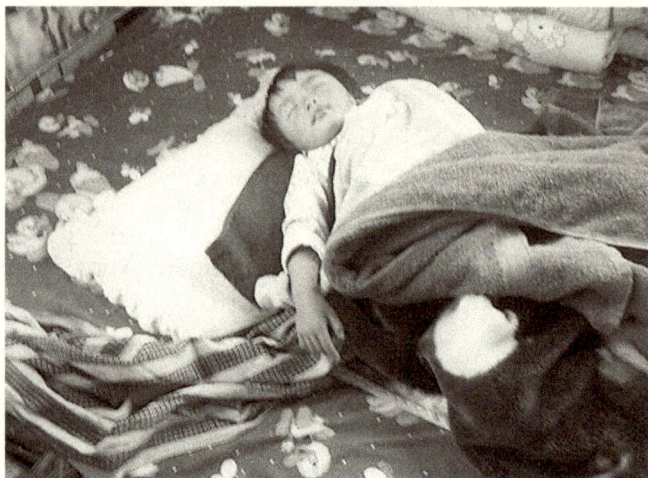

Resa tirando uma soneca na cama da família

Butão

Quando ela não estava sendo carregada nas costas de alguém, Resa era colocada em um acolchoado ou em um colchonete no chão. Ela podia dormir e acordar de acordo com o seu próprio ritmo natural, no ar puro, quando a família estava colhendo maçãs ou arroz, ou onde quer que a família estivesse dentro de casa.

Existe um enorme tabu contra acordar uma pessoa que está dormindo, pois o sono e o sonho são considerados estados da mente muito importantes.

Como em muito lugares que estive na Ásia, existe um quarto principal para toda a família, para dormir. O

Butão é extremamente frio durante os meses de inverno e não tem aquecimento, então dormir juntos em uma cama é a forma da família se manter aquecida. Antes da Resa nascer, os pais e a irmã dela de 6 anos dormiam juntos. Logo após o nascimento Resa dormiu com a mãe dela por um tempo e depois na cama da família, com a irmã e os pais. Uma grande diferença nas culturas onde as famílias dormem na mesma cama sempre, é que as noites não são para sexo. As camas durante a noite são para dormir, para se manterem aquecidos, para estarem seguros, não para sexo.

Em uma casa moderna onde eu fiquei no Butão, tem dois quartos, mas quem dorme e onde, depende de muitas coisas. Em uma noite o filho estava doente então o pai dormiu com ele para confortá-lo. Se a filha ou o filho pegassem no sono na cama dos pais, eles ficavam lá e um dos pais dormia na cama da criança. Quando um tio estava visitando, o filho dormia com ele porque eles eram ótimos amigos e uma visita é especial. Claramente, neste lar mais moderno, a família está simplesmente fazendo a transição gradual de uma cama para toda a família, para o jeito moderno.

Alimentação

Assistentes para a Infância:

Claro que a amamentação é a forma recomendada para alimentar o bebê, sempre que possível, e alimentá-lo quando ele está com fome e não em um horário pré-definido. A Assistente para a Infância aprende sobre a importância do contato de olhos nos olhos entre a mãe e o bebê, um ambiente silencioso, permitindo ao bebê que esvazie completamente um peito e deixar que ele solte naturalmente ao invés de interrompê-lo, evitando distrações como ler, assistir TV, ou falar ao telefone durante a alimentação.

Amamentar é uma primeira experiência poderosa em um relacionamento entre duas pessoas e cria uma base para relacionamentos íntimos por toda a vida.

Por volta dos seis meses, quando a criança pode se sentar naturalmente, e por outras razões nós introduzimos outras comidas, gradualmente, em uma mesa e cadeira, com talheres pequenos e um copo de vidro pequeno, para seguir o desejo da criança de ser independente e aprender novas habilidades. Nós não recomendamos mamadeiras a não ser que haja uma emergência. Isto é uma nova informação para muitos pais em nossa cultura, mas não no caso do Butão.

Butão

A mãe de Resa tinha amamentado Resa de uma maneira que era consistente com os ensinos do Método Montessori de Assistentes para a Infância, mas agora que TV's e telefones celulares estão surgindo no Butão, esta era uma área onde eu podia validar suas práticas tradicionais, e proteger as mães de caírem nos hábitos modernos que não apoiam a alimentação saudável, como assistir TV durante a amamentação.

Durante os primeiros meses de amamentação a mãe de Resa comeu mais frango, bastante leite, chá com leite, carne de boi e ovos. Um monge me contou que quando ele era uma criança, ele e seus irmãos ficavam muito felizes quando um bebê nascia dentro de sua família, porque isto significava que a mãe iria então comer mais ovos. O ovo é uma guloseima cara no Butão e quando a mãe precisa de mais ovos, ela compartilha eles com o resto da família.

Em alguns momentos do ano as pessoas vêem pimentas em todos os lugares, penduradas nas janelas e secando nos telhados, para serem conservadas durante o inverno

Ema datshi (pronuncia ay'ma dot'si) é uma comida butanesa favorita, um prato nacional. É uma receita de cebola, alho, óleo, tomate, queijo feito em casa, e pimenta jalapeño! Uma variedade (com muitos vegetais, mas sempre com pimentas picantes e queijo) é servida diariamente com arroz vermelho ou branco, algumas vezes no café da manhã, almoço e janta. Durante os primeiros meses de amamentação, a principal coisa que a mãe de Resa sentia falta era este prato, pois ele causava diarréia na Resa.

Tradicionalmente, quando o bebê tem por volta de dois meses, uma mãe prepara uma comida cozida, composta de farinha de arroz, água, manteiga e sal - fervida até engrossar, coloca esta comida na própria boca, com a mão, e depois da sua boca para a boca do bebê. Agora que colheres foram introduzidas no Butão, Resa recebeu esta comida de uma colher pequena ao invés de receber da boca de sua mãe.

Infelizmente desta vez Resa também recebeu um cereal enlatado da Índia em uma outra nova "invenção", a mamadeira de plástico. Me perguntaram se era verdade o que a propaganda afirmava, que a fórmula enlatada era melhor para a criança do que o leite da mãe e do que um cereal que resistiu ao teste de centenas de anos. Você pode imaginar minha resposta.

As refeições são feitas no chão. Resa estava aprendendo a se alimentar e para ela isto era natural porque era fácil para observar os outros comendo e se juntar a eles quando ela era capaz.

264

Cadeiras foram introduzidas recentemente no Butão, assim como em muitos países asiáticos, o que deve estar relacionado com a agilidade das pessoas mais velhas nestes países; pessoalmente eu percebi que não têm muitas pessoas com problemas nas costas quando elas se sentam no chão para cozinhar, conversar, comer e trabalhar.

Ao invés de usar utensílios, os butanenses pegam a comida e levam até a boca com a mão direita, no lugar dos talheres. Isto significa que foi muito fácil para a Resa imitar as pessoas ao redor dela, ao se sentar assim que ela foi capaz, e se alimentar assim que ela estava interessada e capaz de fazê-lo. Com 1 ano de idade Resa estava comendo tudo o que a família comia, com exceção das pimentas. E ela era capaz de se alimentar sozinha. Com 1 ano e meio ela ainda era amamentada uma ou duas vezes por dia, de manhã, antes da sua mãe sair para trabalhar e à noite.

Movimento, músculos grandes e pequenos

Assistentes para a Infância:

No primeiro ano cada criança tem o seu próprio calendário de progresso no desenvolvimento de pequenos músculos como os da mão e os do pulso, no uso das pernas e dos braços para engatinhar, se levantar, andar e em desenvolver equilíbrio para carregar objetos enquanto anda. Nós aprendemos a observar as tentativas da criança e a preparar o ambiente de tal maneira que a criança possa praticar estas habilidades em desenvolvimento a qualquer momento, sem depender do adulto.

Nós resistimos à tentação de dar à criança nossas mãos ajudando-a a levantar para praticar o ato de andar, ou de usar andadores e outros objetos que "ajudam" no movimento e que passam a mensagem que os esforços da criança não são suficientes. Nós oferecemos uma variedade de chocalhos e outros brinquedos que permitem à criança praticar vários músculos da mão. Mas nós deixamos a escolha do que segurar e quando, inteiramente para a criança, confiando no seu guia interno para favorecer o seu desenvolvimento pleno.

Butão

Resa não foi apressada no desenvolvimento destes marcos. Comer, falar e fazer trabalho manual, tudo é feito no chão ou em um banquinho em uma casa butanesa, então foi fácil para ela observar e imitar os outros. Ela era livre para explorar e vaguear pela casa.

Quando ela estava aprendendo a engatinhar, as portas para o terreno eram mantidas fechadas porque o acesso para o andar de cima ou debaixo é pela escada e não é seguro. O limiar da porta entre os quartos são de 15 a 20 cm de altura por um motivo muito interessante: acredita-se que os espíritos dos ancestrais mortos, chamados dayes ainda estão com a gente. Algumas vezes estes fantasmas estão amedrontados ou bravos. Acredita-se que apesar deles ainda terem suas formas humanas, eles não andam como humanos, mas ao invés disso, arrastam os pés no chão, ao invés de levantá-los. Os batentes de portas altos evitam que eles entrem nos cômodos da casa. Seja qual for o motivo, estes batentes ajudam a manter segura a criança que está aprendendo a engatinhar e se arrastar.

Uma professora do Método Montessori da Índia, explicou para mim que estes mesmos batentes existem em seu país, e quando a criança aprende a pular sobre eles, isto é considerado um importante marco de desenvolvimento e é registrado com uma celebração especial.

Brinquedos especiais para criança não são parte desta cultura, mas as crianças são livres para manusear objetos do mundo adulto, como por exemplo, utensílios de cozinha, potes, panelas e louças, cestas de costura, materiais de artesanato, hastes de arroz sendo agrupadas nos campos, bolas de linhas coloridas aguardando no tear para tecer os lindos tecidos butanenses, e assim por diante; uma variedade de objetos interessantes estavam lá para serem explorados e Resa era capaz de seguir seus interesses, e desenvolver destreza e controle dos olhos e da mão ao manusear e tocar qualquer coisa que fosse considerada segura.

Linguagem

Assistentes para a Infância:

A atenção para o uso de linguagem respeitosa e precisa quando na presença de uma criança continua durante os anos desde o nascimento até os três anos. Nós ajudamos os pais a entenderem os efeitos negativos da TV e de se ouvir muito rádio.

Nós compartilhamos a importância de se oferecer um vocabulário rico ou linguagem formal (por exemplo: poesia, canções), e a linguagem do ambiente da criança. Acima de tudo, nós enfatizamos a importância de ouvir a criança dando atenção absoluta à ela, falando com a criança com uma voz normal, ao invés de falar como bebê, e expor ela à uma rica troca de linguagem por outros no ambiente.

Butão

Do nascimento em diante Resa estava com a família, geralmente, carregada nas costas dos membros da família e dos amigos em um pano especial longo, um tecido ou kamnay. Ou ela estava dormindo na mesma cama da mãe ou do resto da família, ou com eles em casa, no campo, ou visitando outras pessoas. Consequentemente, a exposição à linguagem era rica.

Eu observei por muitas e muitas vezes que se falam com os bebês e as crianças pequenas com respeito e sem a voz de bebê tão comum em nossas culturas. Porque os budistas acreditam que nós voltamos muitas e muitas vezes em diferentes corpos, eles respeitam o espírito completamente crescido que tem ganhado sabedoria durante muitas vidas e não que ele esteja começando a vida como a lousa em branco de John Locke.

Um dzong ou um pequeno templo
é onde um bebê vai para receber o nome dele ou dela

A atitude em relação a nomes próprios é singular na cultura tibetana budista: muito pouca importância é dada ao nome de uma pessoa. No passado as pessoas no Butão tinham apenas um nome e ter dois é um desenvolvimento recente. O nome da minha anfitriã, que recebeu o diploma do Método Montessori, na Tailândia, onde a gente se conheceu, é Dendy, mas ela e o marido deram dois nomes aos seus filhos. Se alguém tem dois nomes, como Sonam Dechen, e alguém pergunta qual dos dois pode ser usado, a resposta geralmente é: "Não importa."

Um bebê é chamado *Oh* (que é Dzongkha, a linguagem do Butão, para bebê) até que um nome seja escolhido no templo. No final de três meses, Resa foi levada no templo local para receber um nome. Uma cesta de bambu contendo muitos rolos de pedaços de papel foi colocada no altar. Em cada papel tinha um nome escrito. Qualquer nome pode ser usado tanto para um garoto ou garota, então isto não era levado em consideração. A mãe dela escolheu um pedaço de papel, abriu ele e viu o nome Resa. Não houve nenhuma discussão, como na tradição, de que este era o nome dela. Para serem modernos, os pais dela deram a ela um segundo nome, então oficialmente ela é Resa Lhadon, mas Lhadon não é um sobrenome da família, o nome da mãe de Resa é Sonam Zangmo, e do pai dela é Karma Drukpa.

Música é uma parte muito importante da cultura butanesa e existem muitas músicas folclóricas, como também muitas estórias tradicionais. Na hora de dormir, os pais ou os avós de Resa cantam para ela. Com um ano e meio de idade Resa sabia muitas canções e os nomes de muitos objetos da casa.

Televisão e rádio entraram na casa de Resa e parecem incompatíveis com esta antiga casa de fazenda. O rádio toca canções butanesas o dia todo e o canal de

TV nacional apresenta um programa que toca músicas butanesas por uma hora e também "Mr. Bean", uma série de animação Britânica. Destes programas Resa aprendeu muitas canções e a dançar como Mr. Bean. É comum para uma criança de um ano assistir TV por duas ou três horas por dia. Então, a pedido deles, a família e eu tivemos uma conversa interessante sobre este assunto, e sobre como isto tem levado em um aumento no materialismo, na violência e ao comer em exagero, no Ocidente.

Movimento e independência

Assistentes para a Infância:

Por volta de um ano de idade a criança aprende a andar. Agora ela está interessada na habilidade de correr, de andar cuidadosamente, de andar por longas distâncias, puxando ou carregando coisas pesadas, e em fazer trabalhos reais, dentro e fora de casa. Ela também tem o instinto de refinar os movimentos de suas mãos no trabalho real, e de cooperar com o resto da família nos trabalhos da casa. Alguns brinquedos, como os blocos de construção, bolas, os colares de contas e os quebra-cabeças, contribuem para este processo, mas melhor ainda são as ferramentas de verdade, em um tamanho apropriado para a criança, onde ela tem a opção de fazer trabalhos complicados e desafiadores, que são reais.

Butão

Muito poucas crianças no Butão têm brinquedos. Eu percebi isto em um parquinho, em uma escola com mais de cem crianças em recesso, do ensino fundamental. Não havia estruturas para se pendurar ou balanços, e também não tinha bolas ou brinquedos. Foi impressionante ver os jogos de roda e outros jogos constantemente variados, inventados pelas crianças, e a criatividade delas com pedras usadas como jacks, uma pedra em forma de bola para rolar, uma hacky-sack feito de elásticos. Resa estava constantemente em movimento ou sentada atentamente e silenciosamente, envolvida em ouvir a conversa dos adultos ou assistindo ações e interações dos adultos.

Uma tarde enquanto eu visitava a família, Resa começou a chorar e a irmã dela foi até a cozinha e voltou com um copo de leite para ela. A irmã derramou um pouco no chão, retornou à cozinha e voltou com um pano. Quando a irmã entrou no quarto Resa parou de chorar, alcançou o pano e limpou o leite derramado.

Vendo seu interesse a irmã pegou um pote com água e fez um monte de poças pequenas para a irmã pequena limpar, o que ela fez alegremente. Isto continuou até que Resa estava satisfeita. Este foi um acontecimento afortunado pois assim eu pude mostrar que fazer trabalho real é normalmente mais importante para a felicidade de uma criança do que comida, e de que Resa provavelmente não estava chorando porque estava com fome, mas sim por falta de ter algo para fazer. A família concordou plenamente, pois eles reconheceram isto neles mesmos.

Quando nós estávamos partindo, minha anfitriã Dendy foi dentro da sala de oração na casa da fazenda para acender um incenso, ela abaixou a cabeça e pôs as mãos juntas para rezar, e então colocou uma oferenda de dinheiro no altar. Resa estava em pé ao lado dela e alcançou a nota de 5 Ngultrum. Dendy automaticamente passou isto para ela, então Resa pode colocar isto no altar.

Ao descermos a escada para o térreo e passar pela porta para o muro que contornava a casa nós vimos que Resa tinha seguido sua irmã lá fora e se juntou a ela para varrer o feno e o cocô do cavalo.

Em nenhuma destas circunstâncias a expressão facial de um adulto mudou de tal forma que demonstrasse que a inclusão de Resa em qualquer atividade que ela tivesse escolhido participar fosse algo fora de um comportamento normal. Não houve nenhum comentário do tipo: "Ah, não é tão bonitinho? Resa está fazendo tudo por conta própria." Estava claro que Resa era capaz de participar por vontade própria na vida da família e ao fazê-lo, ela refinava os movimentos dela e alcançou um nível ainda maior de independência e responsabilidade.

Se vestir e treino do uso do vaso sanitário

Assistentes para a Infância:

Em nossa cultura, os pais geralmente precisam de muita ajuda para entender a importância de uma criança aprender a se vestir e se desvestir ajudando no autorrespeito, na independência e no desenvolvimento físico. E as centenas de livros sobre o tema do vaso sanitário normalmente confundem mais do que ajudam. Nós usamos o termo aprendendo a usar o vaso sanitário porque é melhor pensar que a criança vai aprender ao invés de ser treinada.

Tanto em casa como na Comunidade Infantil Montessori, a ênfase está em preparar um ambiente que apoie a habilidade da criança em ensinar a si mesma a cuidar destas funções naturais. Eu recomendo o livro Diaper-Free Before 3, que é muito próximo do nosso sistema.

Butão

Como em muitos estágios de desenvolvimento da criança, no Butão aprender a se vestir e a usar o vaso sanitário são apenas habilidades que se espera que uma criança aprenda quando ela estiver pronta.

Elas não são premiadas ou punidas ou manipuladas a aprender estas habilidades de acordo com a programação de um adulto. Eu acho que não existem discussões voltadas para estes assuntos ou que isto não apresenta problemas específicos.

Quanto a se vestir e se desvestir, Resa quer fazer tudo o que a sua irmã de 8 anos faz. Ela imita suas danças, quer uma bolsa de escola como a dela, experimenta as roupas dela, e assim por diante. Ela usa uma camisa e uma saia quando está calor e calças compridas no frio. Ambas são fáceis de tirar e colocar. Tradicionalmente, as pessoas tiram os sapatos ao entrar em qualquer tipo de prédio no Butão, então os sapatos são fáceis de tirar e colocar.

É comum ver as crianças, e algumas vezes adultos, fazendo xixi ou cocô nos campos e nas estradas. Quando alguém compreende que os vasos sanitários até recentemente era um buraco no chão, é fácil entender porque esta atitude é tão casual. Eu vi muitos adultos ajudarem uma criança a manter o equilíbrio enquanto ela se agachava na estrada. Gradualmente a criança aprende a fazer isto por conta própria.

Resa era livre para ir em qualquer lugar, tanto dentro quanto fora de casa, e alguém limpava ela. A mãe de Resa percebeu que entre 1 ano e 1 ano e meio, se Resa se molhava ou se sujava de cocô, quando estava fora, ela geralmente entrava, quietinha, tirava as calças sujas e vestia calças limpas. Se ela precisava de ajuda, ela pedia, mas a mãe dela disse que Resa começou a querer privacidade e também a querer se cuidar por si mesma, ao vestir e usar o vaso sanitário.

Graça e Cortesia

Assistentes para a Infância:

Fica claro na seção acima, que movimento é claramente ligado com a Vida Prática no Método Montessori, nas áreas de Cuidar de Si Mesmo e de Cuidado com o Ambiente. Mas a área de Graça e Cortesia no Método Montessori merece sua própria seção. Nas aulas de Assistentes para a Infância do Método Montessori a professora é bem consciente de que os adultos são os elementos mais importantes do ambiente da criança. As crianças nos analisam constantemente para saber como se portar. Como resultado nós tomamos cuidado com os nossos movimentos, como falamos, como usamos nossas mãos, comemos nossa comida, e as palavras que usamos e o nosso tom de voz - todos os nossos papéis importantes como modelos de Graça e Cortesia.

Butão

O Butão é o único país que visitei onde existe uma ciência social totalmente dedicada para a prática da graça e cortesia. O sogro da minha anfitriã era um professor de Driglam Namsha (graça e cortesia) para os estudantes no último ano do colegial. Esta é a tradicional etiqueta social de educação dirigida para incutir os hábitos de uma atitude bondosa e gentil. Estão lições estão relacionadas com andar, se vestir, falar e cumprimentar os outros - muitas das lições que nós no Método Montessori chamamos de Graça e Cortesia. Por causa desta valorização do respeito e boas maneiras para com os outros na cultura, os pais modelam este comportamento para os seus filhos, do nascimento em diante. Eles usam uma voz modulada e movimentos delicados, muito naturalmente.

Um dia, quando uma vizinha me viu saindo da casa, ela se abaixou para uma criança pequena, na frente dela, e mostrou a ela como colocar as palmas das mãos juntas e baixou a cabeça dela para me cumprimentar com respeito. Além desta orientação sutil de uma avó para uma criança bem pequena, eu não vi ninguém lembrar uma criança de dizer por favor, dizer obrigado, ou qualquer outro lembrete que nós usamos que não funciona. Ao invés disto, adultos são modelos constantes que as crianças desejam imitar.

Geralmente as pessoas estão coradas de saúde, fortes e graciosas em seus movimentos. Eu acredito que parte disto é porque todo mundo faz algum tipo de trabalho físico, e porque caminhar é o jeito mais comum de ir de um lugar para o outro no Butão, e não é difícil para as crianças andarem mais de uma hora para ir e voltar da escola, ou para pessoas andarem por quilômetros com um monte de feno em suas costas, ou carregarem comida do mercado de rua de volta para casa. Alguém sempre vê uma pessoa que não está carregando nada se oferecer para ajudar a levar a carga do outro.

Quando alguém é sortudo o bastante por ter um carro, é comum oferecer a cortesia de dar carona para as pessoas que estão andando, até que não tenha mais lugar no carro. Todas as vezes que a gente chegava em casa de carro, com comida ou outros pacotes, as crianças saíam correndo de casa e pediam para ajudar a levar as coisas para dentro de casa. Até mesmo quando eu estava subindo as escadas para ir para o meu quarto, se uma das crianças estivesse lá, eu não era permitida a carregar nada.

Um lanche da tarde consiste de um chá com leite salgado, misturado com uma torrada e um grão chamado tsampa. Esta refeição tem sido comida por centenas de anos por toda a região do Himalaia. Quando nós experimentamos isto na casa de Resa, ela não apenas misturou seu próprio chá e a tsampa, mas depois também ela misturou o meu. Tanta atenção e gentileza é comum tanto nas crianças quanto nos adultos.

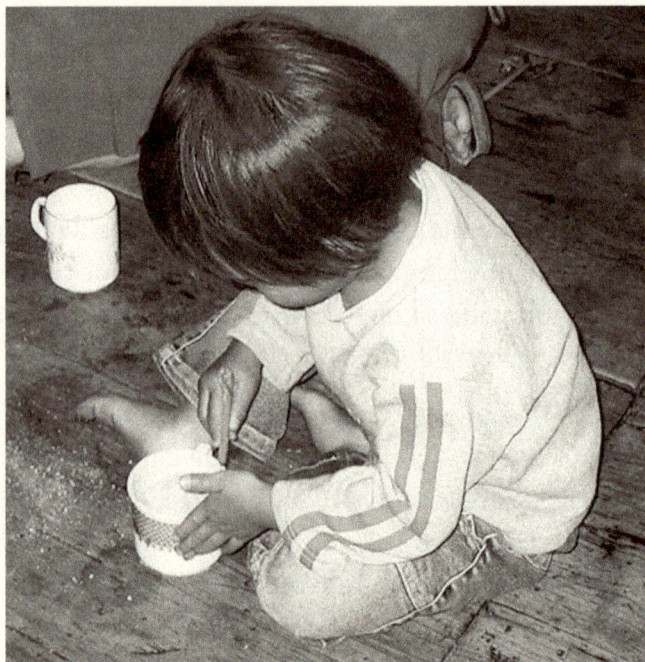

Resa preparando a comida da autora sem ser solicitada

Conclusão

Em 2002 eu conheci Dalai Lama pela primeira vez e estudei com um professor que tinha vindo com ele do Tibet para a Índia em 1959. Eu acho que é por causa desta experiência e o fato de ter um nome Budista darma (Sonam Dechen), pelo qual eu sou sempre apresentada no Butão, é que eu fui bem vinda nas vidas privadas das famílias butanesas.

Sempre há uma idéia de romancear ou idealizar culturas que não foram corrompidas pela influência ocidental. Eu espero que eu não tenha feito isto aqui. Existem bons e maus elementos em todas as culturas.

O Butão é bonito e espiritualizado, mas tem ratos e piolhos e sanguessugas, vasos sanitários que são apenas buracos no chão, e sistemas de educação modernos e sistemas médicos que estão disponíveis para poucos.

A autora com os estudantes do Método Montessori, da escola Yoezerling School, em Paro, no Butão

Budismo e hinduísmo em algumas áreas não são religiões aprendidas nos livros, mas são vivenciadas diariamente pelas pessoas, então existe um tipo de tranquilidade, paciência e generosidade, que é muito especial.

É uma honra estar em uma posição para trabalhar no Butão. Eu estive por apenas três visitas curtas, então estou apenas começando a aprender sobre o Butão. Meu objetivo tem sido descobrir e validar o que contribui para uma educação saudável nesta cultura, e de compartilhar com estes pais e professores o que nós no Ocidente aprendemos que é bom e ruim sobre a cultura moderna.

O Método Montessori tem mostrado funcionar com todas as crianças durante a história e em todo o mundo, mas deve ser adaptado, especialmente na vida prática, na linguagem e áreas culturais para o momento e lugar das crianças de cada país. Quando a cultura delas é respeitada, a porta é aberta para o interesse e respeito por todas as outras culturas - um passo em direção à paz mundial.

MARIA MONTESSORI

Maria Montessori nasceu na Itália, em 1870, e aos 26 anos se tornou a primeira mulher a se graduar Doutora em Medicina, na Itália. Como médica ela interagia constantemente com crianças pequenas e ficou muito interessada no desenvolvimento delas, percebendo que a qualidade e a interação com o ambiente tinha uma grande influência nelas.

A abordagem dela para a educação das crianças foi baseada na sua sólida fundamentação em biologia, fisiologia, psiquiatria e antropologia. Ela baseou suas conclusões em suas experiências pessoais com crianças de muitos países e de muitas raças, níveis sociais, condições econômicas e assim por diante.

Ela baseou suas teorias na observação direta de crianças, não aceitando opiniões preconcebidas ou teorias sobre suas habilidades. Ela nunca tentou manipular o comportamento delas através de recompensas ou punições para atingir algum objetivo. Ela experimentou e desenvolveu constantemente materiais baseados nos interesses, necessidades e habilidades em desenvolvimento das crianças. Ela disse:

> Como outros eu acreditava que era necessário
> encorajar uma criança através de alguma
> recompensa externa que iria adular seus sentimentos
> mais profundos, como gula, vaidade, ou egoísmo,
> para despertar nela um espírito de trabalho e paz. E
> eu fiquei espantada quando eu descobri que uma
> criança que é permitida educar a si mesma, realmente
> desiste destes instintos mais inferiores. Eu então
> encorajei os professores a pararem de dar prêmios
> medíocres e punições, que não faziam mais sentido
> para nossas crianças, e restringí-los a direcioná-las
> gentilmente em seus trabalhos.

A universalidade do método da Drª Maria Montessori tem provado ser válido e útil agora por mais de 100 anos.

O PROGRAMA DE ASSISTENTES PARA A INFÂNCIA DO MÉTODO MONTESSORI

A maioria das lições em uma comunidade infantil Montessori, assim como em muitas outras aulas,

são dadas para uma criança de cada vez.

No começo de 1940 ficou claro para Drª Maria Montessori que 3 anos de idade, que era a idade mais nova para o grupo dela de treinamento para professores até aquele momento, era muito tarde para começar a apoiar efetivamente o desenvolvimento natural completo das crianças. Ela pediu para os amigos em Roma para pesquisar a montagem de um curso que fosse desde a gravidez até os 3 anos de idade. Os pais e professores que estavam interessados nos primeiros três anos de vida e no desenvolvimento da criança, antes que ela tivesse idade o suficiente para frequentar uma escola Montessori, ajudaram a desenvolver este curso.

Baseado em milhares de horas de observação e pesquisa, os primeiros cursos em Roma atraíram estudantes instruídos. Os graduados eram conhecidos como *Assistentes para a Infância.*

No começo de 1950 uma pediatra Italiana, Silvana Quattrocchi Montanaro, teve o seu primeiro filho, e enquanto estava no hospital em Roma, ela conheceu uma nova mãe que tinha contratado uma Assistente para a Infância do Método Montessori para ajudá-la durante o nascimento e as primeiras semanas em casa. Logo Drª Silvana Montanaro foi convidada a dar palestras no curso de Assistentes para a Infância.

Em 1979, em um congresso da Associação Montessori Internacional em Amsterdam, Drª Silvana Montanaro falou sobre a criança de 0 a 3 anos de idade. Karin Salzmann, que era então presidente da AMI/USA (Associação Montessori Internacional dos Estados Unidos), estava na audiência. Ela convidou a Drª Silvana Montanaro para ir aos Estados Unidos onde já havia um movimento prosperando para criar boas escolas para crianças dos 3 aos 12 anos. No mesmo ano um seminário de duas semanas, oferecendo um panorama geral do treinamento de Assistentes para a Infância, foi apresentado em Tarrytown, Nova York, para introduzir esta maravilhosa notícia sobre a criança nos primeiros três anos de vida.

Em 1980 o primeiro curso anual de treinamento de Assistentes para a Infância foi dado em Roma e 6 americanas, incluindo Judi Orion, receberam diplomas de Assistentes para a Infância. Dois anos depois a Drª Silvana Montanaro e Gianna Gobbi, assistidas pela Sra Judi Orion, deram o primeiro curso completo no Texas. De 1991 a 1992.

Susan Mayclin Stephenson, a autora de A Criança Alegre, recebeu seu diploma de Assitentes para a Infância no The Montessori Institute, em Denver, no Colorado, sob a direção da Dra Silvana Montanaro e a Srª Judi Orion.

Este livro é um breve panorama de algumas das coisas ensinadas durante o curso de Assistentes para a Infância. Quanto tempo você levou para ler este livro? Horas? Dias? Imagine mais de quatro meses intensivos, em período integral, com uma treinadora, mais 250 horas de observações escritas, aprendendo sobre isto! O curso de Assitentes para a Infância é altamente recomendado para todos os que quiserem aprender mais e continuar sempre aprendendo mais sobre o desenvolvimento humano, começando nos primeiros três anos de vida.

SOBRE A AUTORA

Susan com a Dra Silvana Montanaro durante o curso de
Assistentes para a Infância, em Denver, em 1992

De 1963 a 1964 Susan Mayclin Stephenson passou quatro meses na primeira universidade a bordo de um navio, agora conhecida como O Semestre no Mar, viajando e estudando as culturas da Europa, do Oriente Médio e da Ásia. Isto despertou nela um interesse vitalício nas diferenças e similaridades nas culturas, especificamente na criação dos filhos.

Depois de se graduar em dois cursos de filosofia e religiões comparativas, na San Francisco State University, Susan trabalhou como conselheira em um centro de detenção para jovens infratores. Foi a experiência com esses jovens perturbados, tanto da comunidade mais pobre quanto da mais rica nas áreas de São Francisco, que a convenceram de que para alcançar o potencial dos indivíduos e da sociedade, é melhor começar o mais cedo possível na vida de cada um.

Em 1971, Susan recebeu o diploma de 2 anos e meio aos 6 do Maria Montessori Institute (MMI) de Londres, na Inglaterra e o diploma de 6 a 12 anos do Washington Montessori Institute (WMI), em Washington, DC.

Depois de ensinar crianças de 2 a 13 anos de idade por vinte anos ela recebeu o diploma de 0 a 3 anos de idade, ou Assitentes para a Infância (A to I) do The Montessori Institute, em Denver, no Colorado, completou um mestrado em educação na Loyola University Maryland, e participou de cursos sobre múltiplas inteligências de Howard Gardner, na Harvard University Graduate School of Education. Suas duas filhas também participaram do curso de Assistentes para a Infância para poderem ser as melhores mães que pudessem.

Susan já viajou para mais de 60 países e geralmente compartilhou suas experiências nestes países, através de sua arte, mais frequentemente pinturas à óleo, que podem ser vistas no seu website. Ela trabalhou com pais e professores, documentou o estágio de desenvolvimento das crianças, trabalhou com escolas e serviu como examinadora nos cursos de treinamento para o Método Montessori.

Susan também é a autora dos livros *Child of the World: Montessori, Global Education for Age 3-12* e *The Universal Child Guided by Nature*. Para saber mais sobre o trabalho de Susan veja http://www.susanart.net

COMENTÁRIOS SOBRE A CRIANÇA ALEGRE: SABEDORIA UNIVERSAL - DO NASCIMENTO AOS 3 ANOS

A preciosidade da infância é imensurável, algo que não pode ser vivido novamente, e ter a oportunidade de viver esta fase com pura alegria e felicidade, em harmonia com a natureza é o que o Método Montessori oferece. A Criança Alegre valida isso muitas e muitas vezes. Obrigado.

— *Lhamo Pemba*, *Butanense/Tibetano Professor do Método Montessori*

Estudar A Criança Alegre me ajudou a desenvolver o meu entendimento sobre a abordagem de 0 a 3 anos de idade quando começamos nossa escola! Nós fizemos uma tradução para o russo e distribuímos em ambas as línguas. Eu também citei o livro muitas vezes ao falar com pais e professores.

— *Valentina Zaysteva*, *Montessori School of Moscow (Rússia)*

Quando eu encontrei este livro eu achei as idéias do Método Montessori expressadas corretamente. Você disse que nos primeiros dias após o nascimento deveria ser oferecido às crianças o mundo real, a bela terra, e não a fantasia estimulante, que deveria ser dada apenas depois deles poderem discernir o real do irreal. Hoje isto é muito importante, algo para não ser esquecido.

— *Mitsuko Bando*, *diretor de pré-escola no Japão*

Os adolescentes querem entender quem eles são, e como eles chegaram a ser o que são. Algumas das respostas podem vir do estudo do desenvolvimento da criança e passando o tempo com bebês e crianças pequenas. A Criança Alegre é uma excelente fonte de informação atual sobre o desenvolvimento da criança. Ainda mais importante, o texto cria uma atmosfera de respeito pela criança, que esses futuros pais podem levar com eles.

— *Linda Davis*, *Administradora Montessori, da Equipe de Orientação para os Estudos de Adolescente da AMI-NAMTA*

Nós educamos nossos três filhos da melhor maneira que sabíamos naquele momento, boas escolas, faculdades, valores sólidos, viagens e línguas estrangeiras.

Agora, vendo nossa primeira neta sendo criada de acordo com os princípios do Método Montessori no A Criança Alegre nós estamos impressionados com sua independência, amor por aprender, e habilidade para se concentrar e absorver o ambiente ao redor dela, ainda bem nova. Agora percebo que tanto aprendizado acontece antes da escola, o que é crucial para preparar um ambiente que otimize o desenvolvimento da criança. Tenho certeza de que A Criança Alegre será tão inspirador para outros pais e avós quanto foi para nós.

— *Carmen Abu-Dayyeh*, *Roma e Palestina*

A Criança Alegre, que eu descobri na Austrália, foi a inspiração para o meu trabalho na China e até agora por volta de 1.000

professores e assistentes receberam o treinamento. Para poder informar as pessoas sobre a importância dos primeiros três anos de vida, e para trazer o treinamento da Montessori AMI (Associação Montessori Internacional) eu tive a primeira edição de A Criança Alegre traduzido para o Mandarin em 2003. Obrigado.

— *Michael Guo, China*

Nossos estudantes do ensino médio precisam devolver alguns livros didáticos que nós usamos (de Matemática e Latim) no final do ano. Cada rosto brilha quando eu lembro eles de que o livro A Criança Alegre vai ficar para eles. Uma garota acabou de me contar que ela vai guardar o dela até ela se tornar mãe e poder colocar este aprendizado em prática. A Criança Alegre acrescenta muito à nossa aula de Desenvolvimento Humano. O seu uso traz vida ao desafio imaginativo de criar filhos e guia os adolescentes a pensarem gentilmente sobre eles mesmos e os outros. Muito obrigada.

— *Ann Jordahl, Escola Montessori de Lake Forest*

Atrás de muitas crianças felizes, confidentes e calmas, existe uma mãe ou um pai que teve ajuda e foi guiado pela abordagem do Método Montessori do zero aos três anos. A Criança Alegre é cheio de sabedoria e idéias práticas tanto para os professores quanto para as famílias. Obrigada Susan por colocar todo o conhecimento dos 0 aos 3 anos de idade em um maravilhoso livro!

— *Daniele e Aika W. Mariani, pais Montessori na Itália*

Obrigada por fazer grandes diferenças na vida de nossas crianças.

— Nertila Hoxha, Assistente para a Infância na Albânia

Eu soube pela primeira vez do Método Montessori, por uma amiga quando meu filho estava com 14 meses. Logo após eu ter terminado de ler A Criança Alegre nós decidimos criar nosso filho de um jeito diferente. Eu descobri que o melhor jeito de explicar nossa abordagem era dar às pessoas (especialmente nossos parentes próximos) este livro para ler. O texto descritivo explicando o desenvolvimento da criança era completo e apresentado de um jeito muito agradável de se ler.

— Jean Layton Rosas, mãe e engenheira de programa da Intel

Eu dou este livro à todos os novos pais e mães grávidas que eu vejo. Deveria ser exigida a leitura dele em todas as aulas de pré-natal e também ser distribuído nos hospitais.

— Julia Volkman, Estudante Graduada, Harvard University

A Criança Alegre sempre foi parte de nosso programa de educação para os pais: conselhos práticos, informação confiável, e uma fonte de idéias fantásticas para os pais, de como preparar o ambiente em casa para a criança em cada estágio de seu desenvolvimento. É cheio de sabedoria.

— Heidi Philippart, dona de escola em Amsterdam

Eu tenho visto você disseminar as luzes nos cantos mais escuros da Terra e iluminá-los com amor e profundas reflexões.

— *Hiroko Izawa, guia de Cultura Japonesa*

A Criança Alegre é o único livro que os pais realmente precisam para entender como suas crianças pequenas se desenvolvem e aprendem. A informação apresentada para cada estágio de desenvolvimento é prática e realística; os materiais sugeridos encorajam e apoiam estes estágios. Eu recomendo A Criança Alegre como um presente para parabenizar o anúncio de uma gravidez ou como um presente para um recém-nascido. Não existe momento melhor para influenciar positivamente as mentes que irão guiar as mentes de nossa próxima geração!

— *Carol Ann McKinley, Educadora para a Primeira Infância na Nova Zelândia*

Todos podem fazer a diferença na vida de crianças pequenas, se eles têm o conhecimento das coisas simples que elas precisam. Muito obrigada por continuar em seus esforços contínuos de espalhar a mensagem sobre como ajudar as crianças a crescerem e a desenvolverem seu potencial humano.

— *Judi Orion, Diretora de Treinamento, The Montessori Institute, Denver, Colorado*

O famoso poeta Indiano laureado e Montessoriano Rabrindranath Tagore disse uma vez, "Toda vez que uma criança nasce ela nos dá a esperança de que Deus ainda não está desapontado com o homem." No continente Africano, e particularmente em meu país da África do Sul, nós estamos sempre no limite entre a esperança e o desespero. O que nós precisamos na África do Sul são de adultos que sejam informados e educados na linguagem da criança - nós precisamos de tradutores para a esperança delas, então poderemos transformar nosso continente em um onde a esperança é compartilhada entre crianças e adultos.

Susan Stephenson, em seus livros A Criança Alegre e Criança do Mundo, nos oferece a tradução necessária, então nós, como adultos, temos o conhecimento e entendimento para facilitar a esperança de cada criança.

Obrigada por ser uma voz tão clara e inspiradora para os pequenos, cujas vozes ainda não ouvidas.

— *Samantha Streak*, *África do Sul*

O livro de Susan Stephenson é uma ótima fonte para os pais que procuram por conselhos bem refletidos em como criar os filhos com uma base sólida em um mundo caótico. Apresentando os princípios do Método Montessori em uma prosa clara e eloquente, o legado de Susan Stephenson será um tremendo serviço para gerações de futuros pais.

—*Angeline Lilliard*, *PhD, Professora de Psicologia, Universidade de Virgínia, autora de Montessori, The Science behind the Genius*

A Criança Alegre é uma introdução muito fácil para a filosofia Montessori para os novos pais! Eu tenho sempre dado uma cópia, como um presente, para os amigos e para alguém da família que está grávida. Todos para quem eu dei este maravilhoso material de leitura elogiaram o conhecimento claro e então têm procurado pelo Método Montessori para a educação e vida de seus filhos.

— *Karey Lontz*, *Assistente para a Infância do Método Montessori, em Denver, Colorado*

www.ingramcontent.com/pod-product-compliance
Lightning Source LLC
Chambersburg PA
CBHW031125090426
42738CB00008B/981